NOS

Coordenação da Coleção Bollas
Amnéris Maroni

CHRISTOPHER BOLLAS

O mundo dos objetos evocativos

Tradução
Liracio Jr.

7
AGRADECIMENTOS

9
PREFÁCIO
João Paulo Ayub Fonseca

23
INTRODUÇÃO

27
CAPÍTULO UM
Associação livre

85
CAPÍTULO DOIS
Arquitetura e o inconsciente

**129
CAPÍTULO TRÊS**
O mundo dos objetos evocativos

**153
CAPÍTULO QUATRO**
O quarto objeto e além

**179
REFERÊNCIAS
BIBLIOGRÁFICAS**

**183
ÍNDICE REMISSIVO**

AGRADECIMENTOS

O conteúdo deste livro foi apresentado, ao longo de um extenso período, a dois grupos de psicanalistas na Suécia. O ensaio sobre associação livre (Capítulo 1) deve muito aos anos de colaboração com a Associação Psicanalítica Sueca (SPA). O capítulo sobre arquitetura e o inconsciente (Capítulo 2) foi apresentado ao Museu Nacional de Estocolmo e ao Museu de Arquitetura da Suécia em 1998, durante as celebrações do ano de Estocolmo como cidade europeia da cultura. Quero agradecer aos muitos membros da SPA e à sua organização-irmã, a Sociedade Psicanalítica Sueca, pelo apoio ao longo dos últimos trinta anos. Acima de tudo, desejo agradecer ao dr. Arne Jemstedt por sua ajuda para tornar esses encontros possíveis e pela notável generosidade de espírito que mostrou para com todos os participantes. Além disso, ele tem lido meus escritos e apresentado insights inestimáveis que têm influenciado a direção do meu pensamento de maneiras importantes.

Também quero agradecer às trinta pessoas que têm participado regularmente da Conferência de Arild, na costa sudeste da Suécia, todos os anos desde 1982. Sua compaixão por seus pacientes e sua honestidade incansável acerca de seu próprio trabalho têm sido tão revitalizantes e — sendo qualidades tipicamente suecas — também são razões para que todo analista visite a Suécia pelo menos uma vez por ano, para se reconectar a essa exploração apaixonante que caracterizou os primeiros anos da psicanálise. Sou grato à dra. Ulla Bejerholm por organizar essas conferências e pelo cuidado e afeto com que recebeu todos os participantes.

Embora a edição original de *Free Association* (Cambridge, 2002) não esteja mais disponível pela Icon Books, quero agradecê-los por publicarem a edição original como parte da série *Ideas in Psychoanalysis*. Ela aparece aqui como Capítulo 1 e foi revisada para fins de elucidação. Sou grato à Taylor & Francis por permitir a republicação de "Arquitetura e o inconsciente", que saiu pela primeira vez no *International Forum of Psychoanalysis* (v. 9, 2000, pp. 28-42). Agradeço também à Routledge por permitir a republicação de "O quarto objeto", originalmente publicado com o título "Four: On Adding Up to a Family" em *Dimensions of Psychotherapy, Dimensions of Experience: Time, Space, Number and State of Mind*, editado por Michael Stadter e David E. Scharff (Londres; Nova York, 2005, pp. 165-80).

Quero agradecer à minha colega Sarah Nettleton por seus comentários, como sempre, cuidadosos e rigorosos em repetidos rascunhos deste trabalho. E sou grato a Robert Timms por sua habilidosa edição final.

PREFÁCIO

O mundo dos objetos evocativos e a experiência esteticamente qualificada

João Paulo Ayub Fonseca

O amor por nossos objetos, às vezes algo embaraçoso, é uma paixão que realiza uma comunhão.
— CHRISTOPHER BOLLAS

Texturas de experiência

Algumas das principais características que ressaltam do conjunto da obra de Christopher Bollas reafirmam seu nome entre os grandes autores da tradição psicanalítica: a criatividade teórica e conceitual presente em cada um de seus livros e artigos; a ousadia na proposição de temas os mais diversos para análise e apreciação a partir da perspectiva do pensamento inconsciente; e sua capacidade rara de transitar entre as grandes fortalezas que se tornaram as escolas de psicanálise. Enfim, os feitos desse autor extremamente vivo e provocante em seu convite insistente a "sair das caixinhas" da psicanálise nos colocam diante de uma aposta elevada em direção à prática de um pensamento cujas condições de possibilidade não são outras que a própria vida em sua medida profunda de experiência processual radical.

A compreensão do universo da experiência e sua implicação no desenvolvimento psíquico é uma preciosa porta de entrada às investigações de Bollas. Na etimologia da palavra "experiência" destacam-se os sentidos de *tentar, arriscar, aventurar*... elementos impressos numa *travessia* ou *passagem* que também se avizinham ao *medo* e ao *perigo*... e que subsistem ao processo de elaboração do *self*. Assim, os "objetos evocativos", tema central deste livro, são pensados como "coisas vivas" capazes de provocar "texturas de experiência", pensamentos e formas de vida.

Os quatro ensaios que compõem *O mundo dos objetos evocativos* confirmam as características elencadas, mesmo quando considerados em sua especificidade. Publicados em livro pela primeira vez em português,[1] trata-se, certamente, de um momento especial para a Coleção Bollas, do selo Nós Psi da Editora Nós, organizada por Amnéris Maroni. Neste prefácio, gostaria de apresentar algumas "chaves de leitura" que julgo importantes para a leitura do texto bollasiano, reconhecendo desde já a impossibilidade de esgotar as questões suscitadas pelo autor.

---

[1] Com exceção de "Associação livre", publicado pela Ediouro em 2005, edição hoje esgotada.

Associação livre

O método psicanalítico clássico da associação livre representa para Bollas o desvelar do pensamento inconsciente criativo. A comunicação inconsciente via associação livre relacionada à atenção flutuante do analista, dispositivo clínico oriundo do Par Freudiano, é uma ideia extremamente cara recolhida pelo autor no interior da descoberta freudiana. Essa passa a ser, podemos dizer, uma chave heurística importante, já que "as linhas de pensamento inconsciente" se realizam através de segmentos associativos que se manifestarão não somente na esfera do tratamento psicanalítico, mas também na forma como a vida inconsciente articula a si mesma através do uso de objetos, palavras e situações diversas.

> O método da associação livre foi projetado para revelar uma "linha de pensamento". Ao falar livremente, qualquer pessoa revela uma linha de pensamento — uma linha de pensamento Outra — ligada por alguma lógica oculta que conecta ideias aparentemente desconexas [...]. Logo, não há uma sequência única de pensamento: em vez disso [...], existem linhas de interesse psíquico movendo-se através de momentos da vida, como uma inteligência radiante e silenciosa.[2]

Essa inteligência inconsciente revelada pelo método psicanalítico se manifesta não somente no contexto clínico entre analista e paciente. Ela está presente também no

---

[2] Ver páginas 29 e 39. Exceto quando indicado o contrário, todas as citações são traduções livres desta edição. [N. E.]

modo como o uso de determinados objetos informam "linhas de pensamento" inconscientes pela via associativa. É assim, por exemplo, no caso da relação entre a arquitetura e o inconsciente, trabalhada no segundo ensaio do livro.

O inconsciente perceptivo

As formas diversas com que Bollas aproxima a psicanálise de uma reflexão aprofundada sobre a experiência humana são sintetizadas no ensaio que dá nome ao livro, "O mundo dos objetos evocativos", assim como tem lugar neste ensaio o relato sobre o percurso do autor em torno do conceito de objeto transformacional, central em seu trabalho. O livro que o leitor tem em mãos, enfim, apresenta como resultado a elevação da psicanálise a um lugar privilegiado de tratamento e compreensão dos estados de complexidade da vida mental.

Desejo enfatizar a presença ora implícita, ora explicitada deste gesto que habita toda a reflexão de Bollas desde seu livro inaugural, *A sombra do objeto: Psicanálise do conhecido não pensado*,[3] qual seja, a relação entre estética e psicanálise proveniente do acento particular promovido pelo autor na dimensão perceptiva inconsciente, o "inconsciente perceptivo". Estética, para Bollas, não deriva da reflexão teórico-filosófica sobre a apreensão do Belo nas artes, mas daquilo que ele identifica como o "reino misterioso da sensibilidade humana". A exploração do mundo sensível possibilitada pela percepção inconsciente tem como efeito ir-

---

[3] Christopher Bollas, *A sombra do objeto: Psicanálise do conhecido não pensado*. São Paulo: Escuta, 2015.

redutível a produção de complexos emocionais que, por sua vez, irão compor infinitos núcleos gerativos de novas experiências de vida para o *self*. Aliada à descoberta freudiana do inconsciente, a perspectiva assumida pelo autor pode, então, frutificar um pensamento bastante original e criativo.

Vale dizer que a reflexão sobre os conteúdos reprimidos do inconsciente, matéria privilegiada do interesse freudiano, não se encontra rejeitada em seu trabalho, embora a aposta decisiva se localize nas formas inconscientes capazes de processar, gerar e transmitir experiências portadoras de um conhecimento de ordem existencial, algo a que a tradição psicanalítica não parece ter se dedicado com a mesma atenção e cuidado. O inconsciente que recebe e processa novas formas de percepção torna-se uma ideia fundamental, potencializada a partir da releitura do livro inaugural da psicanálise, *A interpretação dos sonhos*, de S. Freud.

> [...] quando atravessamos uma cidade — ou andamos pelo nosso bairro —, estamos envolvidos em um tipo de sonho. Cada olhar que cai sobre um objeto de interesse pode render um momento de devaneio — quando pensamos em algo diferente, inspirados pelo ponto de contato emocional —, e durante o nosso dia teremos dezenas desses devaneios, que Freud chamou de intensidades psíquicas e que ele acreditava serem os estímulos para o sonho daquela noite. Mas como um tipo de sonho por si só, os devaneios criados por objetos evocativos constituem um aspecto valioso de nossas vidas psíquicas.[4]

---

4 Ver página 108 desta edição. [N. E.]

Objetos evocativos

A experiência de todo ser humano consiste na possibilidade infinita de contato e interação entre formas sensíveis as mais diversas. Uma multiplicidade de encontros dos quais ninguém pode escapar — embora seja possível tentar se defender! —, por mais cristalizada e adoecida se encontre a relação do *self* com os outros que o constituem, seja esse outro pessoas, lugares, coisas, representações mentais, memórias ou os demais viventes; ou mesmo a família, que no quarto ensaio, "O quarto objeto e além", é pensada igualmente como objeto portador de capacidade processual na vida do sujeito, para além do triângulo edípico clássico. O arcabouço de objetos experimentados na história de uma existência adensa e complexifica a matriz inconsciente cujo funcionamento é como o de uma usina geradora de formas de percepção da realidade, assim como tem função constitutiva de um *self* singular.

Cada sujeito percebe o mundo à sua maneira na medida em que integra através da experiência "estruturas vívidas" portadoras de inteligência formal, resultando sempre em arranjos de caráter singular. Num certo sentido, não há explicação evidente para o advento da singularidade, senão a aceitação de seu caráter infinito que resulta num processo de solicitação permanente: o *self* singulariza-se e, para tanto, se desdobra em meio às tessituras do destino. Chama a atenção o fato de que o adensamento desse movimento do desejo encontre limites interpretativos: *vir-a-ser* em permanente construção, ele resiste à saturação de qualquer significado.

Cada pessoa precisa nutrir-se de objetos evocativos, o chamado "alimento para o pensamento", que estimulam os interesses psíquicos do *self* e elaboram seu desejo por meio do engajamento com o mundo dos objetos. De fato, embora esse movimento seja muito denso para ser interpretado, cada indivíduo sente algo de seu próprio idioma único de ser à medida que se move livremente pelo espaço. Não saberemos qual é esse idioma, mas sentiremos que estamos nos movendo de acordo com nossa própria inteligência concreta da forma, que molda nossas vidas por meio de nossa seleção de objetos.[5]

Parte-se sempre, portanto, de um enigma: a irredutível singularidade psíquica tem por correlato a impressão digital ("fingerprint") que é uma só para cada indivíduo. Dos domínios da experiência depreende a disseminação dessa forma singular, multiplicação ou mesmo, na pior das hipóteses, seu congelamento. Uma vida de experiências empobrecidas e de relações esvaziadas de sentido repercute num desenvolvimento egoico igualmente empobrecido, impossibilitando ao *self* desdobrar-se. Há, contudo, um risco permanente: com tudo aquilo que comporta de um "conhecido não pensado", o *self* parte em busca de experiências capazes de proporcionar novos desenlaces sobre os elementos da cultura: um poema, uma música, um romance, um filme, uma paisagem etc., provocando a disseminação criativa do *self* em formação.

A partir dessa perspectiva, a vida inconsciente do sujeito não só é capaz de processar a experiência de modos distintos a cada encontro com objetos transformadores, como também se deixa processar diferentemente ressoando as propriedades intrínsecas dos objetos:

---

5 Ver páginas 108 e 109 desta edição. [N. E.]

O mundo dos objetos "é um léxico extraordinário para o indivíduo, que expressa a estética do *self* por meio de suas escolhas precisas e usos particulares de seus constituintes". Para dar crédito total à capacidade processional específica de um objeto, escrevi: "Cada coisa no léxico dos objetos tem um efeito evocativo potencialmente diferente em virtude de sua forma específica, que em parte estrutura a experiência interior do sujeito e constitui o eros da forma em si".[6]

O resultado desse processo é a construção de um "idioma de expressão do *self*" em permanente *trans*-formação, o "idioma pessoal", estrutura que enforma e atravessa toda comunicação humana:

> [...] encenamos o idioma de nosso ser através da maneira como moldamos o mundo dos objetos — um movimento estético que, é claro, afeta os outros. Na verdade, o outro deve "nos conhecer" a partir desse efeito formal, de maneira muito similar àquela usada por Hirsch para descrever a operação de um poema na pessoa que o lê.[7]

A escuta poética

Esse gesto teórico-clínico, que se constitui ao mesmo tempo enquanto antropologia fundamental e dispositivo de tratamento, ganha corpo nas formas de escuta poética. Trata-se aqui de uma escuta elevada ao estado sensível de abertura

---

6 Ver página 143 desta edição. [N. E.]
7 Ver página 48 desta edição. [N. E.]

ao universo das formas de vida, com implicações decisivas para a compreensão da relação da subjetividade com o mundo. Num de seus artigos, intitulado "Personagem e *inter*-formalidade",[8] Bollas chega mesmo a afirmar que "a sensibilidade do analista é comparável à disposição mental de quem está ouvindo uma poesia". Depreende-se dessa tese a ideia de que a gramática das formas inconscientes compartilha do tecido poético um determinado arranjo estético cujas implicações para os modos de vida de cada ser no mundo são incontornáveis.

É preciso dizer também que a proposta de Bollas destoa da matriz epistemológica ocidental, a partir da qual a constituição do sujeito se dá através da posse e apreensão disjuntiva do mundo objetal (separação sujeito/objeto), relação cujo efeito inevitável é a produção de uma clausura da subjetividade efetuada no momento mesmo da própria constituição de um mundo interno subjetivo exilado para sempre e cada vez mais de seu exterior objetivo. O sujeito moderno é forjado tanto no estranhamento permanente das coisas que o rodeiam quanto na excisão biopolítica do ambiente vital que passa a ser substituído por uma espécie de instalação artificial desprovida de sentido pessoal. E as consequências desse modo de ser, todos sabemos, são catastróficas.

Para Bollas, ao contrário, a vida se desdobra a partir da relação constitutiva do sujeito no mundo das coisas, configurando um modo de ser apoiado nas formas intrínsecas dos objetos experienciados. Essa é, podemos dizer desde já, a grande força do ensaio "Arquitetura e o inconsciente",

---

[8] Christopher Bollas, "Character and interformality" [Personagem e *inter*-formalidade]. In: *The Christopher Bollas Reader*. Londres: Routledge, 2011, p. 238.

que integra este volume, no qual Bollas reitera a afirmação presente na "Introdução" de que "as paisagens construídas em que vivemos refletem a natureza inconsciente da vida coletiva, manifestada em nossos edifícios e cidades". Nesse sentido, o objeto tornado "objeto evocativo", longe de ser aquilo que opera a separação no interior da vida subjetiva, vai muito além do registro de um "mundo interno" confinado entre muros. Aquilo que ele evoca é o "espírito de um lugar", revelação sublime do "potencial ontológico" derivado de um estado de integração vital no mundo: "podemos ser levados de volta à origem de nosso ser em suas primeiras percepções do objeto". Enfim, os objetos evocativos provocam a relembrança viva de que a vida se constitui a partir do jogo de formas em permanente transformação.

Antecessor conceitual do "objeto evocativo", vale lembrar que a noção de objeto transformacional se apresentou inicialmente na obra do autor como uma das formas conceituais orientadas para a refundação de um dispositivo analítico preocupado com a dimensão processual da vida e com os possíveis danos psíquicos provocados por disposições mentais "esquecidas" desse aspecto vital.

> Antes da língua, antes de compartilhar a imagem governada por palavras, todos nós estamos em comunhão com a energia indistinta das formas que moldam nosso mundo. Não vemos o que "isto" é, e é por isso que escrevi que a mãe é percebida como um processo de transformação, como um "objeto transformacional". Ela é a forma por trás da forma das coisas.[9]

---

9 Christopher Bollas, *China em mente*. São Paulo: Zagodoni, 2022.

As formas de ser e de relacionar-se

A vida que se multiplica em "formas de ser e de relacionar-se" só pode ser devidamente compreendida e experimentada mediante abertura essencial (recepção) ao "jogo das formas" que a constitui. Estamos diante de uma concepção processual da vida humana: o fluxo da vida, o *Ser* feito processo, é forma e *in*-formação impressas no mundo e nas relações. Trata-se da busca da dimensão da existência humana que não se esgota no registro simbólico da linguagem, aquilo que é verbalizado, mas que se articula para além/aquém desta, num movimento paradoxal entre o dizível e o indizível de toda experiência.

Há nesse modo de conceber a experiência a recusa da primazia do domínio representacional no âmbito das relações humanas, domínio incapaz de captar em sua essência a inteligência das formas e sua dinâmica de interação, algo fundamental tanto para a compreensão do *self* e seus modos de desdobramento quanto da própria vida feito "matéria vertente", nas palavras de Guimarães Rosa. A qualidade da experiência que interessa ao autor é aquela que se apresenta a cada vez, a cada encontro, através da "comunicação profunda" entre dois ou mais idiomas; uma troca de formas possíveis (*inter*-formalidade) e modos de ser que se realizam no movimento que consiste em afetar e ser afetado pelo outro e pelo mundo.

Enfim, *O mundo dos objetos evocativos* é uma rica amostra de um pensamento que continua abrindo caminhos e, assim, permitindo à prática clínica — e para além dela — tanto o acolhimento quanto o reconhecimento de uma existência esteticamente qualificada. Seu projeto psicanalítico confere dignidade ontológica à processualidade dos encontros, sua dimensão sensível (experiência estética). Tal abertura é uma grande aposta na experiência que não se deixa achatar por conteúdos representacionais empobrecidos. E isso, vale ressaltar, não é pouco.

O momento estético

Aquilo que os "objetos evocativos" restituem à vida humana é um modo qualificado de existência em que as formas presentes no mundo participam de um encontro constitutivo com a própria forma em que se desdobra a vida do *self*. Desse modo, a psicanálise bollasiana se mostra sensível ao "potencial processional evocativo" que habita os objetos, sejam eles materiais, imateriais, naturais, artificiais ou mentais. Em suas palavras, "o mundo dos objetos — sua 'coisidade' — é crucial para o nosso uso. À medida que nos movemos, vivemos em um mundo evocativo que só o é porque os objetos têm uma integridade própria".[10]

Os ensaios que integram este livro representam verdadeiro guia para a escuta poética da experiência humana. Do encontro com a expressão estética, Bollas extraiu não somente os alicerces de sua formação intelectual (vale lembrar que ele se doutorou em literatura, além de ser autor de quatro obras ficcionais publicadas).[11] O olhar sobre a expe-

---

[10] Ver página 129 desta edição. [N. E.]
[11] Ver *Dark at the End of the Tunnel* (2004), *I Have Heard the Mermaids Singing* (2005), *Theraplay and Other Plays* (2005), e *Mayhem* (2005), publicados originalmente pela Free Association Books.

riência estética constitui uma espécie de coração pulsante do seu pensamento. Trata-se, ainda, da constatação de um registro visceral, o "momento estético" a partir do qual ele articula o acontecimento humano às suas grandes potencialidades criativas e formas de vida. Em suas palavras:

> Do meu ponto de vista, o momento estético é uma ressurreição evocativa da condição egoica precoce, muitas vezes produzida por uma ressonância repentina e misteriosa com um objeto, um momento em que o sujeito é capturado por uma intensa ilusão de estar sendo escolhido pelo ambiente em alguma experiência profundamente reverente.[12]

---

12 Christopher Bollas, 2015.

INTRODUÇÃO

A teoria freudiana sobre como os sonhos são construídos tem implicações extensas para a compreensão de nossa vida mental como um todo. Sua visão de que os estímulos para um sonho surgem de experiências particulares durante o dia — aquelas que ele diz serem de "alto valor psíquico" — se baseia em um pressuposto implícito sobre o papel da percepção inconsciente no cotidiano.

O que interessa a um sonhador não será de interesse para outro, sendo assim, esses momentos valiosos — podemos chamá-los de experiências emocionais — refletem o idioma da vida inconsciente desse sujeito. Ao sermos mobilizados por eventos muito particulares do dia, revelamo-nos como buscadores e intérpretes de nossa própria identidade.

Quando construímos um sonho, condensamos muitas dessas experiências em imagens únicas. Além disso, esse processo de triagem inconsciente envolve contato com interesses inconscientes anteriores da história psíquica do sujeito, de modo que nossas pulsões, memórias, afetos e axiomas existenciais tanto assimilam quanto influenciam o cotidiano.

O método freudiano da associação livre foi capaz de liberar no sonho não apenas o significado dos eventos do dia anterior, mas também o que o próprio sonho evocava na mente do sonhador. Nenhum sonho poderia ser interpretado completamente, mas Freud se satisfazia com a descoberta de certas linhas evidentes, ou "linhas de pensamento". Essas linhas — ou "cadeias de ideias" — se revelavam no decorrer da escuta das associações livres do analisando. A sequência das associações, em si, constituía uma linha de pensamento. Se alguém ouvisse por tempo suficiente esse pensamento serial, haveria a possibilidade de ver o que estaria em primeiro plano na mente do *self*, pelo menos naquele sonho particular.

O primeiro capítulo deste livro é um ensaio sobre a associação livre. Ele se destina a ser tanto uma introdução ao leitor leigo quanto um lembrete, ou um curso de reciclagem, para o clínico sobre as bases elementares da teoria da associação livre de Freud. Eu amplio os conceitos freudianos para ilustrar como sua teoria da formação de sonhos é, com efeito, uma teoria da mente. (Esse ensaio foi publicado anteriormente pela Icon Press; a versão que aparece como Capítulo 1 deste livro contém várias revisões, especialmente na seção intitulada "Afeto, emoção, sentimento".)

O segundo capítulo examina como as paisagens construídas em que vivemos refletem a natureza inconsciente da vida coletiva, manifestada em nossos edifícios e cidades. Ao caminhar pelo mundo de objetos reais, vagamos em um mundo-devaneio.

No Capítulo 3, reviso alguns aspectos da minha própria teoria do "objeto evocativo", conforme ela veio evoluindo ao longo de trinta anos, a fim de preparar o terreno para expandir o conceito de associação livre. Podemos estender o domínio da associação livre para o mundo de objetos reais, no qual a maneira como os usamos — e como eles se processam em nós — é outra forma de associação. Existem muitos modos diferentes de pensar; um modo de nos pensarmos é por meio do nosso envolvimento e do uso de objetos evocativos.

O último capítulo considera a natureza fantasmagórica daquilo que chamamos de "família". Se o número três na psicanálise significa o triângulo edipiano, isso não necessariamente anuncia a presença de uma família. De fato, como em *Édipo rei* de Sófocles, o triângulo edipiano pode destruir a possibilidade de esse grupo se tornar uma família.

Este livro argumenta implicitamente que não há um único lugar para *o* inconsciente. A noção ultrapassada de que a vida mental seria "determinada inconscientemente" é redutiva e reacionária. Ela exclui muitos fatores, internos e externos, que contribuem para a vida inconsciente de qualquer *self*. Nossas articulações chegam inconscientemente, mas elas têm origem em milhares de localidades ao longo de nossa vida.

Crescer *em* uma família e *em* uma metrópole (ou cidade pequena, vila ou área rural) significa que nos tornamos parte de formações inconscientes preexistentes. Para Lacan, o "importe" mais significativo era a própria linguagem, mas certamente acrescentaríamos a maneira como nossa sociedade sonha (o que chamamos de "cultura"); e no outro extremo do espectro de influência, herdamos estruturas genéticas que influenciam a maneira como experimentamos nossas vidas.

Os leitores deste livro podem se interessar pelo seu volume complementar, *The Infinite Question*. Enquanto *O mundo dos objetos evocativos* apresenta aos leitores ideias centrais, *The Infinite Question* desenvolve-as com maior profundidade, usando casos clínicos para ilustrar os principais conceitos.

CAPÍTULO I
Associação livre

Viajando de trem

Você está viajando de trem, absorto diante das paisagens que se sucedem rapidamente. O trem passa por um aeroporto, cruza um canal, atravessa um prado, sobe uma colina baixa e longa adornada por fileiras de vinhas, desce para um vale entulhado de parques industriais, serpenteia por florestas escuras e por fim chega aos arredores da pequena cidade onde você vai desembarcar.

Cada lugar evoca séries de associações.

O aeroporto te faz lembrar do verão que se aproxima e de suas férias no exterior. Antes de mais nada, isso traz à mente o avião que te trouxe a essa parte do mundo, as conexões intermináveis dos aeroportos, as novas aeronaves nos quadros de design, a estranheza do voo em si e as inúmeras partículas de pensamentos que por pouco não penetram a consciência.

Ao cruzar o canal, você pensa em uma viagem de barco há muito desejada e ainda por realizar, algo que remete aos resquícios potenciais de uma vida. Você pensa no Canal Erie, na América, e nas músicas e folclore ligados a ele. Você pensa na antiga casa dos seus sogros, que ficava ao lado de um pequeno canal. Você também pode pensar no dentista e em um tratamento de canal.

E o mesmo acontece com os outros "objetos" pelos quais você passou nessa jornada.

Freud usou a viagem de trem como modelo para sua teoria de associação livre: "Aja como se, por exemplo, você fosse um viajante sentado ao lado da janela de um vagão de trem e estivesse descrevendo para alguém, dentro do vagão, os cenários em mudança que você vê do lado de fora".[1]

Num certo sentido, tudo o que Freud fez foi observar como, quando pensamos sem nos concentrarmos em nada em particular — movendo-nos de uma ideia para a próxima em uma série contínua de associações —, criamos linhas de pensamento que se ramificam em muitas e variadas direções, revelando interesses inconscientes diversos.

Por exemplo, ao escolher um conjunto de associações para o canal, primeiro pensei no tratamento do canal radicular nos dentes de alguém, depois de descrever a prévia localização dos parentes: uma linha de pensamento que não explorarei mais aqui, mas que, se o fizesse, poderia revelar, através do processo de associação livre, uma história muito mais complexa — uma história revelada não nas entrelinhas, mas na cadeia de ideias dentro das linhas.

---

[1] Sigmund Freud, "On beginning the treatment" [Sobre o início do tratamento]. In:___. *Standard Edition of the Complete Psychological Works of Sigmund Freud*, XII. Londres: Hogarth Press, 1913, p. 135.

A psicanálise se concentra na "viagem" cotidiana que todos nós fazemos, estimulados pelo desejo, necessidade, memória e vida emocional.

Linhas de pensamento

O método da associação livre foi projetado para revelar uma "linha de pensamento". Ao falar livremente, qualquer pessoa revela uma linha de pensamento — uma linha de pensamento Outra —[2] ligada por alguma lógica oculta que conecta ideias aparentemente desconexas.

Isso é uma parte comum do pensamento cotidiano. Por exemplo, posso começar minha caminhada para o trabalho pensando em uma conta que devo garantir que seja paga à tarde, quando estiver no escritório; então, penso na chuva e me pergunto se o sol vai sair hoje; então, penso em um livro recém-publicado de um amigo, que ainda não li e sinto que deveria lê-lo antes de nos encontrarmos para jantar na próxima semana; então, penso nos meus primeiros dias de escola, quando vejo as crianças sendo deixadas na escola próxima; então, penso em como as crianças se preocupam em chegar à escola no horário; então, ao avistar alguns pardais voando, penso na primavera e se eles estão fazendo ninhos; então, penso na expressão "ovos de

---

[2] A ideia de Lacan de que o inconsciente funciona como o verdadeiro Outro — o outro dentro do *self* — é mais evidente no pensamento associativo livre do que em qualquer outro lugar. A ênfase rigorosa colocada no discurso do analisando na sessão é uma das contribuições mais importantes para a psicanálise.

ouro".³ Aqui podemos observar, em resumo, a seguinte sequência: contas .chuva .livro do amigo .crianças sendo deixadas (na escola) .chegar na hora certa (na escola) . pássaros fazendo ninhos .e "ovos de ouro".

O que essas ideias têm a ver uma com a outra? São apenas aleatórias ou podemos discernir uma linha de pensamento?

Tenho uma conta para pagar e me lembro de pagá-la *mais tarde* naquele dia. Em minha mente isso é uma espécie de fardo, que pode se relacionar com o tempo chuvoso, o que em si é um incômodo: quando o sol vai voltar a brilhar? Em outras palavras, quando vou ser libertado dos meus fardos? Pense bem, meu inconsciente parece estar dizendo, você também tem outra dívida: precisa ler o livro do seu amigo antes de encontrá-lo para jantar. A visão das crianças sendo deixadas na escola leva a um pensamento sobre chegar na hora certa: o medo de chegar tarde pode ser uma expressão da minha ansiedade sobre pagar a conta a tempo; simultaneamente, "usando" a visão das crianças para localizar essa ansiedade, provavelmente eu esteja também me refugiando na ideia de que uma criança como eu não deveria ter que pagar contas. A visão dos pássaros, que acredito serem pássaros-pais construindo seus ninhos, pode sustentar o apelo de uma criança sendo cuidada, mas a expressão "ovos de ouro" provavelmente é uma forma de pensar no banco e guardar

---

3 A expressão original "nesting eggs" seria geralmente traduzida como "pé-de-meia" e sua relação com o futuro é explicitada pelo autor logo adiante. Em português, contudo, "pé-de-meia" quebraria a linha de pensamento desenvolvida no parágrafo. Daí a alternativa "ovos de ouro", que embora cause um certo ruído semântico, ainda assim não destoa tão dramaticamente do raciocínio apresentado neste parágrafo e nos seguintes. [N. T.]

dinheiro: construindo algo para o futuro. Tomara que eu esteja à altura de cumprir minhas responsabilidades parentais.

O par freudiano

Embora não tenha "descoberto" a associação livre, a invenção da sessão psicanalítica por Freud deu a essa forma comum de pensamento um espaço altamente privilegiado e utilitário. Mais importante ainda, ao pedir que a pessoa pense em voz alta, ele referiu a natureza monologal da fala interior solitária à estrutura dialógica de uma relação de duas pessoas, uma parceria que podemos chamar de *Par Freudiano*. Vamos ver como ele colocou isso:

> O tratamento começa com a solicitação de que o paciente se coloque na posição de um observador atento e imparcial de si próprio, para que leia, o tempo todo, a superfície de sua consciência e, por um lado, engaje-se com a mais completa honestidade, ao passo que, por outro lado, não se abstenha de nenhuma ideia de comunicação, mesmo que (1) sinta que isso seja por demais desagradável ou (2) julgue isso como algo sem sentido ou (3) algo demasiado desimportante ou (4) algo irrelevante para o que está sendo procurado. Constata-se, de modo consistente, que precisamente aquelas ideias que provocam essas últimas reações mencionadas são de valor particular na descoberta do material esquecido.[4]

---

[4] Sigmund Freud, "Two encyclopaedia articles" [Dois artigos enciclopédicos]. In: ___. *Standard Edition of the Complete Psychological Works of Sigmund Freud*, XVIII. Londres: Hogarth Press, 1923a, p. 238.

Note-se que Freud não dá prioridade máxima à divulgação do pensamento desagradável. A noção de que o psicanalista está atrás dos segredos obscuros de alguém não parece ser comprovada pelo método freudiano. Em vez disso, o material aparentemente "irrelevante" é o mais valorizado.

Freud acreditava que os conteúdos mentais rejeitados voltavam à consciência bem disfarçados, e seria assim, nos detalhes aparentemente triviais, que as ideias e emoções proibidas mais provavelmente se manifestariam.

A tarefa atribuída ao paciente tem sido alvo de várias formas de interpretação equivocada. Será que Freud realmente supunha que qualquer pessoa poderia revelar todo pensamento que passa pela mente? De fato, tal discurso não seria um tanto quanto bizarro? Quase imediatamente, Freud qualificou a injunção de falar livremente ao indicar que haveria resistências para cumprir essa tarefa, em especial a chegada da transferência. Mas, ao longo do tempo, os próprios psicanalistas pareciam mudar o significado da associação livre em alguma forma de prática ideal — tanto que na década de 1950 era comum os analistas dizerem, *sotto voce*, que é claro que ninguém poderia fazer isso. Ainda hoje, muitos analistas consideram a associação livre como um ideal distante e irrealizável.

Conversa livre

Sem embargo, as coisas ficam mais concretas se redefinirmos a associação livre como *conversa livre*, nada mais do que falar sobre o que está na mente, passando de um tópico para outro em uma concatenação livre que não segue uma agenda. O analista pode encorajar o paciente a falar sobre os pensamentos que estão no fundo da mente e, tal como Freud, enfatizar a necessidade de interromper uma narrativa se *outros* pensamentos emergirem; mas, mesmo que sejam raras as vezes em que consigam fazer isso de modo completo, eles ainda fazem associações livres se passam, livremente, de um tópico para outro em uma sessão.[5]

Integradas a essa liberdade de movimento psíquico estão as resistências ao retorno de ideias anteriormente repelidas, bem como outras defesas contra a dor mental decorrente dessa liberdade de pensamento. Assim, a associação livre é sempre uma "formação de compromisso" entre verdades psíquicas e o esforço do *self* para evitar a dor de tais verdades. Entretanto, de forma suficientemente irônica, a fala livre sempre mobiliza o processo mental do analisando, revelando a luta inerente em se pensar o *self*.

Para os pacientes na época de Freud e os de hoje, no entanto, o método muitas vezes pareceu quase que propositadamente indiferente à sua condição. "O que você quer dizer com simplesmente falar sobre o que está passando

---

[5] Alguns psicanalistas assumem erroneamente que, porque não conseguem acompanhar a linha de pensamento de seus pacientes, este deve estar atacando as conexões entre ideias. Alguns podem até sentir que suas próprias mentes estão sendo atacadas. Isso, infelizmente, confunde conexões estabelecidas inconscientemente com conexões que operam no nível do conteúdo manifesto. Se alguém pratica a análise a partir da perspectiva freudiana, então assume-se que não será possível seguir o material no aqui e agora em um nível consciente: de fato, tentar fazê-lo é uma recusa à própria natureza da comunicação inconsciente. O fato de que muitos psicanalistas exigem de si mesmos, de seus colegas e de seus alunos a "habilidade" de seguir o significado do paciente no aqui e agora é um indicativo do quão longe alguns se afastaram do paradigma original da psicanálise.

pela minha cabeça?" "Você não pode me dar algum tipo de orientação?" "Então, você não pode me fazer algumas perguntas que eu possa responder?" "Mas certamente você tem experiência e sabe algo sobre o que estou sofrendo e o que o causa — por que você não pode simplesmente me explicar?" E com bastante frequência: "Bem, desculpe, mas não posso lidar com essa coisa freudiana. Preciso ir a alguém que realmente me ajude".

A psicanálise não oferece respostas prontas para os sintomas ou vidas dos pacientes. Em vez disso, ela provê uma relação que permite ao analisando ouvir de sua própria vida inconsciente, e a insistência de Freud de que o material mais valioso será encontrado no conteúdo supostamente irrelevante — uma espécie de busca trivial —, elaborado a partir dos pressupostos modernistas segundo os quais para se compreender um objeto (um período histórico, um romance, uma pessoa) deve-se estudá-lo em seu sentido ordinário, não pré-julgado por suposições hierárquicas. Se vemos a crença no cotidiano como uma fonte valiosa de verdade humana, que se iniciou no Renascimento, passando pelo privilégio atribuído pelo Romantismo às vidas humanas comuns e chegando até nossos dias com esses estudos acadêmicos que acreditam que dados cotidianos são o objeto primário da pesquisa acadêmica, então a teoria de evidência freudiana é a psicologia de nosso tempo. Até mesmo o credo pós-moderno de que qualquer verdade se decompõe em verdades menores — elas mesmas se propagando através de derivações epistêmicas adicionais a frações de suas afirmações anteriores — é um resultado importante do método da associação livre. Na associação livre de um sonho, o paciente não apenas fornece evidências que permitirão ao psicanalista entender certos aspectos oníricos; mas, como veremos, o método também decompõe a unidade do sonho em linhas de pensamento díspares — que, a princípio, haviam sido condensadas pelo trabalho do sonho —, agora disseminando possibilidades que se abrem ao infinito.

O analista "em suspensão"

Se o paciente considerar desconcertante a tarefa a si atribuída, o que dirá do trabalho do psicanalista?

> A experiência logo demonstrou que a atitude que o analista poderia adotar com maior vantagem era a de se entregar à sua própria atividade mental inconsciente, em um estado de *atenção uniformemente suspensa*, evitando tanto quanto possível a reflexão e a construção de expectativas conscientes, não tentando fixar nada que ouvisse em particular em sua memória, e, por esses meios, captar o fluxo do inconsciente do paciente com o seu próprio inconsciente.[6]

Essa forma de escuta é revolucionária. O analista não deve refletir sobre o material, não se supõe que construa conscientemente ideias sobre ele e não é incentivado a se lembrar de nada. E por quê? Porque ao se entregar ao seu próprio inconsciente ele pode usá-lo para "captar o fluxo"

---

[6] Sigmund Freud, 1923a, p. 239.

do inconsciente do paciente. Em outras palavras, a psicanálise funciona através da comunicação inconsciente!

Qualquer paciente que procure um especialista com respostas ficaria ainda mais desconcertado ao descobrir como esse "profissional de saúde mental" trabalha: surpreendido em plena deriva mental, o que o psicanalista poderia dizer ao paciente? Parece que não muito. De fato, o objetivo da tarefa do analista é dissolver sua própria consciência, não se concentrando em nada, não procurando nada e não se lembrando de nada. Indagar-lhe sobre o que ele estaria pensando no meio da escuta do paciente seria como acordar alguém de um estado meditativo.

O método de Freud era tão disruptivo que até mesmo seus seguidores não conseguiam aderir às suas instruções explícitas e suas implicações. Em vez disso, os psicanalistas tendem a se concentrar em outras partes dos escritos freudianos, especialmente na noção de que a psicanálise tenta tornar conscientes os conflitos inconscientes para que o paciente tenha maior liberdade de deliberação. Isso é verdade, até certo ponto. Aliás, através da associação livre, o analista aprende algo sobre as visões reprimidas do analisando e, por meio de momentos de revelação — quando o fluxo de pensamento se torna de repente claro em sua mente —, ele revelará, então, o que acredita saber, talvez contribuindo para que o paciente compreenda melhor o próprio *self*.

Mas o método tem repercussões mais abrangentes do que a já impressionante proeza de tornar conscientes ideias inconscientes: ele realmente desenvolve as capacidades inconscientes do paciente e do psicanalista. Isso, como veremos, é uma nova forma de criatividade fomentada apenas no espaço psicanalítico.

Comunicação inconsciente

"É algo muito notável que o Ics. de um ser humano possa reagir sobre o de outro, sem passar pelo Cs.", escreveu Freud em 1915.[7] Então, quando o paciente está falando livremente e o analista está em estado de atenção flutuante, o método se torna o meio para a comunicação inconsciente. De fato, antes Freud havia comparado a comunicação inconsciente a uma ligação telefônica, na qual o receptor transforma a mensagem em fala coerente. (Explicando isso com uma fórmula: o analista deve ajustar seu próprio inconsciente como um órgão receptivo para o inconsciente transmissor do paciente.)[8]

Nesse ponto nos indagaríamos como exatamente isso ocorre, em especial porque Freud — metáforas à parte — não esclarece os termos da comunicação inconsciente. É bastante improvável que estivesse se referindo ao seu modelo topográfico de repressão, pois, se assim fosse, essa seria uma teoria de autoengano por meio de distorção: como uma pessoa poderia comunicar seus autoenganos para o outro que o escuta e que, presumivelmente, estaria operando em linhas semelhantes?[9]

---

[7] Sigmund Freud, "The unconscious" [O inconsciente]. In: ___. *Standard Edition of the Complete Psychological Works of Sigmund Freud*, XIV. Londres: Hogarth Press, 1915, p. 194.
[8] Sigmund Freud, "Recommendations to physicians practising psycho-analysis" [Recomendações aos médicos praticantes de psicanálise]. In: ___. *Standard Edition of the Complete Psychological Works of Sigmund Freud*, XII. Londres: Hogarth Press, 1912, p. 115.
[9] Para uma discussão de como o inconsciente do psicanalista distorce o material do paciente e como isso, ironicamente, constitui comunicação inconsciente, veja Christopher Bollas, "Communications of the unconscious" [Comunicações do inconsciente]. In: ___. *Cracking Up*. Nova York: Hill and Wang, 1995, pp. 9-29.

Vamos procurar pistas no par freudiano: o analisando em associação livre e o analista com sua atenção uniformemente suspensa.

Uma sequência de pensamentos é revelada através de uma cadeia de ideias aparentemente desconexas. Um paciente fala sobre ouvir a "Missa em Si Menor" de Bach, então, depois de uma pausa, fala sobre ir à Selfridges comprar um taco de críquete para seu filho; então, fala sobre uma conversa com um amigo na qual o significado de lealdade era o objeto de discussão; então, fala sobre uma memória de sua juventude, quando encontrou um carro abandonado que na verdade tinha sido roubado alguns dias antes, um tópico que o paciente agora percebe estar conectado a um sonho da noite anterior; e por aí vai...

Qual é a conexão entre Bach/Missa e Selfridges/críquete, e assim por diante? É difícil dizer, não é? Se o tempo permitisse, deveríamos simplesmente seguir com as outras associações do paciente até chegarmos a uma revelação — um ponto em que, de repente, seríamos surpreendidos por um padrão de pensamento composto por esses fios que conectam as ideias díspares.

Em retrospecto, a lógica dessa breve sequência pode revelar o seguinte pensamento: "Eu estaria em apuros se, como consequência do meu desejo de enriquecer a mim mesmo ["self-rich-es"],[10] eu não jogasse críquete [razoavelmente] com meus amigos, em especial se eu fosse [*carre*gado por] ideias roubadas, abandonadas por outras pessoas."

---

[10] Em inglês, "Selfridges" pode soar como "self-rich-es", o que induziria o ouvinte ao significado sugerido "self" (a si), "rich-es" (riqueza), ou seja, "enriquecer a si próprio". [N. T.]

Claro, isso inevitavelmente seria uma compreensão parcial das associações. Certas palavras, como "Selfridges", podem evocar outras palavras, de modo que, além do já mencionado, também podemos ouvir as palavras "elf" ["elfo"], "rigid" ["rígido"] ou "frigid" ["frígido"]; a expressão "that's not cricket" ["isso não se faz"] pode ser evocada, assim como os múltiplos significados da palavra "bat" ["taco"], em diversos contextos: "right off the bat" ["logo de cara"], "old bat" ["pessoa ranzinza"]. Mesmo assim, esses significantes encontram outras palavras potenciais no limiar da consciência. Talvez você possa ouvir a palavra "get" ["pegar"] em "cricket" ["críquete"], ou a palavra "bad" ["ruim"] em "bat" ["taco"]. À medida que o analisando associa livremente, apresentando um campo sonoro, o analista receberá — na maioria das vezes inconscientemente — uma rede complexa de muitas conexões.

Logo, não há uma sequência única de pensamento: em vez disso, como veremos adiante, existem múltiplas linhas de interesse psíquico movendo-se através de momentos da vida, como uma inteligência radiante e silenciosa. À medida que o analista assume uma posição de atenção suspensa, ele se coloca sob a influência da ordem inconsciente. Guiado pela lógica da sequência de ideias do analisando, em algum instante ele irá descobrir, retrospectivamente, sobre o que o paciente esteve falando, pelo menos em parte.

A subjetividade do psicanalista

Portanto, inconscientemente nos comunicamos uns com os outros quando nos entregamos ao modo como o pensamento inconsciente acontece: através da associação livre de ideias que manifesta uma ordem de pensamento oculta. O inconsciente do psicanalista reconhece isso como sua própria forma de pensamento e assume a tarefa de apreender padrões de pensamento, alguns dos quais podem ser trazidos à consciência.

Mas e quanto à "resposta subjetiva" do psicanalista? Ele não distorceria o que ouve? Como poderia ser confiável para detectar a cadeia de associações, dada a dinâmica de seu próprio inconsciente?

Diante do fato de que o psicanalista reprimirá certos conteúdos do paciente, condensará vários materiais psíquicos em suas próprias constelações de pensamento, distorcerá ou alterará as comunicações de acordo com a elaboração onírica do seu inconsciente, como podemos afirmar a sua capacidade de discernir, receber, integrar e comunicar a lógica associativa do paciente?

O problema é de forma versus conteúdo. A vida inconsciente do analista altera as comunicações do paciente, elaborando oniricamente seus conteúdos em complexos inconscientes de criação própria do analista; mas, ao mesmo tempo, o ego segue a estrutura da lógica inconsciente, uma habilidade processual que não sofre interferência da elaboração do próprio inconsciente do analista — assim como os pensamentos transitórios de um motorista não interferem, normalmente, na condução de um veículo.

O reconhecimento de padrões é a capacidade do ego de perceber a realidade paralelamente aos conteúdos inconscientes ou aos estados emocionais da mente. *Se* o analisando pensa por meio da conversa livre, usando o analista como um meio para o pensamento, então ambos os participantes se servem de uma parte do ego acostumada ao trabalho de recepção inconsciente. Essa recepção começa na infância, quando a mãe comunica mensagens complexas ao bebê através de *formas* de comportamento — padrões recorrentes — que são assimiladas pelo bebê como formas interiores para se processar a experiência vivida.

A habilidade de seguir a lógica da sequência é uma qualidade formal do ego — um tipo de inteligência — que não é fundamentalmente influenciada pela vida interior do recipiente ou pelas circunstâncias da relação entre seus participantes.[11]

Na verdade, em diálogos livres, quando duas pessoas associam livremente no decorrer de uma longa conversa, como é típico de amigos íntimos, elas criam linhas inconscientes de pensamento, operando de forma associativa à medida que pulam de um tema para o próximo. Isso é fácil de fazer porque, quando relaxados na presença do outro, estamos abertos a tal influência mútua inconsciente.

Mesmo quando o inconsciente do analista monitora a lógica associativa — fazendo nada mais do que reconhecer a forma como todos pensamos naturalmente — por outras vias, ele elabora oniricamente o material do paciente: condensando palavras e imagens, substituindo ideias; em outras palavras, o analista vai transformando o conteúdo de acordo com sua própria leitura inconsciente. Mais tarde, discutiremos as "frequências" da comunicação e como é provável que a recepção do material do paciente pelo ana-

---

[11] Em estados psicóticos, ou quando o paciente não está associando livremente, mas envolvido em uma forma de resistência, o psicanalista não será capaz de usar a parte do ego que está psiquicamente evoluída para seguir o padrão do outro.

lista varie de acordo com as diferentes linhas de associações prévias evocadas.

Quando em análise, o inconsciente do analista sabe onde está, assim como o inconsciente de um compositor ou de um pintor sabe a diferença entre aquele engajamento peculiar à composição ou à pintura e os muitos outros momentos da vida, como ir ao banco ou ler um livro. A percepção inconsciente é crucial para que o analista e o analisando saibam onde estão e por que estão lá quando criam a análise juntos.

Neste ponto, é pertinente introduzir outros fatores que contribuíram para a compreensão e o uso da associação livre na psicanálise contemporânea.

Relações objetais

Melanie Klein e seus seguidores descobriram que quando falamos livremente, muitas vezes parecemos estar falando sobre partes de nós mesmos.

O paciente associa livremente usando "objetos" para representar "partes" do *self* em relação aos seus objetos mentais, geralmente formas diferentes de representação de outras pessoas. Assim, a sequência Bach/Missa, Selfridges/taco de críquete, amigo/lealdade, juventude/carro roubado etc. poderia ser um drama itinerante em que partes diferentes do *self objetificam* um conflito no teatro da associação livre. Neste caso em particular, poderíamos dizer que o paciente coloca uma parte solene de si próprio nessa massa de objetos e depois, ansioso por sua percepção incompleta, tenta se afastar dessa dor mental. Uma sequência dessas interpretações poderia ser a seguinte:

1 "Você está escutando uma parte deprimida de si mesmo."
2 "Você quer dar um jeito de ser um jogador atuante no jogo para evitar sua depressão."
3 "Uma parte de você sente que deixar sua depressão para trás não é algo leal a se fazer."
4 "Você acaba por descobrir que jogar é apenas encontrar soluções roubadas, dantes abandonadas por você."

Enquanto a maneira de escuta freudiana pode levar bastante tempo para descobrir uma lógica de sequência — às vezes, sessões inteiras podem transcorrer em silêncio à medida que uma linha de pensamentos permanece desconhecida —, a técnica de relações objetais alega chegar a um significado imediato. Se o pensamento freudiano sustenta que o texto manifesto nunca revela o inconsciente, mas é apenas um disfarce eficiente, a visão da relação objetal valida o texto manifesto como uma imagem precisa de partes do *self*, mesmo que o que está sendo retratado seja questionável.

Na verdade, os psicanalistas contemporâneos tendem a oscilar entre essas duas perspectivas de escuta, influenciados por ambas.[12] De fato, é provável que o analisando use formas diferentes de associação livre: desde o pensamento de Freud, de acordo com a lógica de sequência, até o pensamento de Klein, de acordo com a lógica de projeção. Sendo assim, na mesma sessão, um paciente pode suspender a forma sequencial de pensamento para pen-

---

[12] Para uma discussão interessante das muitas "perspectivas de escuta" diferentes na psicanálise, veja Lawrence Hedges, *Listening Perspectives in Psychotherapy*. Nova York: Jason Aronson, 1983.

sar através da projeção; correspondentemente, o analista pode passar de uma escuta ao modo freudiano para uma escuta à maneira da relação objetal.

Efeitos especiais

A teoria das relações de objeto conceitua outra forma de comunicação inconsciente: a que opera através da transferência e da contratransferência.

Os pacientes pensam ao atuar sobre o psicanalista; nesse sentido, a fala é sempre uma "ação performativa" — para usar o termo de J. L. Austin —, pois temos um objetivo implícito quando falamos e temos efeitos distintos sobre o outro que ouve. Claro, em grande parte do tempo a ação é positiva: o paciente usa a mente do analista como um meio para o pensamento associativo livre. Algumas vezes, no entanto, o discurso do paciente atua sobre o analista visando uma resposta específica, muitas vezes inquietante.

Paula Heimann levantou uma questão interessante no início dos anos 1950 quando perguntou ao paciente que estava associando livremente: "Quem está falando, com quem, sobre o que e por que agora?".[13] Margaret Little, embora não tenha feito uma conexão direta, de fato fez um conjunto de perguntas complementares: "O que estou

---

13 No original: "Who is speaking, to whom, about what, and why now?". Tradução livre. Paula Heimann, "Dynamics of transference interpretations" [Dinâmica de interpretações da transferência]. *International Journal of Psychoanalysis*, Londres, v. 37, pp. 303-10, 1956.

sentindo, sobre o que e por que agora?".[14] Os psicanalistas britânicos acabaram profundamente imersos no estudo de como o paciente comunica seu mundo interior por meio da ampla gama de efeitos que tem sobre o analista. Em um caso que chamou a atenção, por exemplo, o paciente sempre falava com uma voz entrecortada todas as vezes em que o analista discutia os sentimentos do analisando, o que levava o analista se sentir hesitante em discutir a vida emocional do paciente. Durante uma sessão, o paciente reclamou que acreditava que ninguém poderia sentir o que estava passando em sua vida. O psicanalista disse que entendia o que o paciente estava falando, e explicou-lhe que relutava em explorar os sentimentos do analisando porque quando o fazia ele se mostrava ríspido e desdenhoso. O paciente achou isso significativo e disse acreditar que não queria que ninguém se aproveitasse dele quando se sentia vulnerável. O caso levou os psicanalistas britânicos a investigar as ansiedades e necessidades inconscientes dantes ocultas nessa forma de transferência.

A teoria das relações objetais nos ajuda a ver como em um momento podemos estar falando de nosso *self* edipiano para uma parte da personalidade de nossa mãe, depois falando de nosso momento presente para uma parte de nosso próprio *self* adolescente, antes de falarmos com nosso *self* de quase trinta anos. No decurso de uma semana de análise, falaremos não apenas de partes de nossa personalidade, mas também de partes de nossa mãe ou de nosso

---

14 No original: "What am I feeling, about what, and why now?". Tradução livre. Ver: Christopher Bollas, "Introduction" [Introdução]. In: ___. *The Shadow of the Object*. Londres: Free Association Books, 1987, p. 2.

pai, cada voz acionando algum outro implícito ou explícito. Ouça o seguinte paciente no início de uma sessão:

> Ufa! Que tempo terrível. Estou *completamente* exausto, sinto como se estivesse arrastando os pés. [*Ri; depois se recompõe.*] Então, vamos ao trabalho. Então... o que aconteceu neste último fim de semana? [*Pausa.*] Humm... eu não sei realmente. Provavelmente não muito. Vi Frank, que como de costume passou o fim de semana de modo muito produtivo [*etc.*].

O paciente começa a sessão falando como se fosse a própria mãe, tendo internalizado uma parte dramática e narcisista da personalidade dela. Ele ri como fazia quando a descrevia, mas aqui não está consciente de que esse riso representa seu divertimento sobre a mãe que acabou de apresentar. O convite sóbrio para começar a trabalhar não é apenas um comportamento aprendido da voz de seu pai. Isso traz essa parte de sua personalidade para uma posição tipicamente paralisante, resultando no comentário um tanto desesperador de que ele não sabe — uma voz e um estado de si mesmo que eram comuns quando ele era um pré-adolescente e seu pai o repreendia. O personagem Frank é uma projeção do seu *self* adolescente — um *self* que geralmente resolvia questões psicológicas e familiares através de grandes explosões de atividade. Assim, nos primeiros minutos de uma sessão, podemos ver o analisando falando de várias partes diferentes de sua personalidade, partes que estão envolvidas em uma forma de diálogo intrapsíquico umas com as outras.

Às vezes, a fala livre evoca um teatro de múltiplos *selves* e outros, imersos em uma densa ópera de identidades, que "pensam" em algo através do *ato analítico*. E geralmente essas identidades estão apresentando simultaneamente várias partes da estrutura da personalidade do *self*: uma parte materna, uma parte adolescente e uma parte edipiana. Desse modo, quando associamos livremente, por vezes desencadeamos uma intensa discussão entre as várias partes e funções de nossa personalidade, as quais estão envolvidas na busca de soluções inconscientes para interesses ou conflitos inconscientes os mais variados.

Ou, como já discutido, tais partes podem ser elementos da personalidade do *self* que acionam os diversos processos mentais do analista em um "jogo de elementos".[15]

O discurso do caráter

O caráter de uma pessoa é outro tipo de associação livre. Ele contém pressupostos sobre ser e se relacionar que não podem ser pensados preliminarmente, mas que são sempre revelados através do idioma de expressão do *self*.

O caráter é o *self* como forma.

Pense em um poema. Um poema é uma expressão encenada. "Os poemas comunicam antes de serem entendidos e a estrutura influencia o leitor enquanto as palavras infiltram a consciência", escreve Edward Hirsch. "A estrutura é a forma de entendimento do poema, sua maneira de estar no mundo, e é a forma que estrutura nossa experiência."[16] Estudantes de

---

15 Para uma discussão de como a associação livre constitui um jogo das vidas mentais tanto do psicanalista quanto do paciente, veja Christopher Bollas, "Part 1". In: ___. *Forces of Destiny*. Londres: Free Association Books, 1989.
16 Edward Hirsch, *How to Read a Poem*. Nova York: Harcourt Brace, 1999, p. 31.

poesia (ou música, ou belas-artes) desenvolvem um senso inconsciente da identidade formal dos objetos que estudam, de modo que mesmo que não tenham lido, ouvido ou visto o objeto específico diante deles, muitas vezes podem identificar o escritor, compositor ou artista a partir dos efeitos formais imediatos do objeto. Um exame final de poesia, por exemplo, pode envolver trinta ou mais trechos da obra de vários poetas, tendo o aluno que combinar cada nome a um estilo.

Algo semelhante sucede com o caráter. De maneiras ainda mais complexas do que um poema, uma composição musical ou uma obra de belas-artes, nos expressamos por meio da ação: encenamos o idioma de nosso ser através da maneira como moldamos o mundo dos objetos — um movimento estético que, é claro, afeta os outros. Na verdade, o outro deve "nos conhecer" a partir desse efeito formal, de maneira muito similar àquela usada por Hirsch para descrever a operação de um poema na pessoa que o lê.

Poderíamos também recorrer a uma metáfora musical e dizer que o caráter é uma sinfonia do *self*, que usa o outro como um instrumento para tocar o seu idioma. No entanto, esse uso está disponível apenas parcialmente para a tradução para a consciência. Podemos considerar esse aspecto da associação livre como o movimento do "conhecido não pensado": algo que é conhecido e, de fato, profundamente informativo sobre o ser e o relacionar de qualquer *self*, mas que deve ser experienciado e só pode ser descrito de maneira incompleta.

Isso é *a nossa alteridade*.

Decorrente de um movimento de idioma transmitido por qualquer um e experienciada por seus outros, a alteridade pode ser, ou não, uma propriedade de cada sujeito: embora derive do *eu*, ela só pode ser experienciada por um outro.

A comunicação da nossa alteridade é o caminho que nosso ser toma na vida. O estilo de um poema "cria a superfície e invoca — convoca — a vida inconsciente profunda"[17] e, de maneira semelhante, a alteridade do *self*. Se os outros estão abertos à comunicação da alteridade de qualquer *self* — e é claro que há muitos impedimentos para tal recepção, como inveja ou ódio —, então a liberdade de associação, que é o movimento do caráter, evoca profundidades equivalentes nos outros receptivos. Como forma de comunicação em uma psicanálise, o caráter evoca intensidades de recepção no analista — mobilizando o registro de forma, não de conteúdo — que, por sua vez, evoca características mais profundas da forma de ser de qualquer indivíduo. Em uma análise, os pacientes muitas vezes regridem e vivenciam formas muito precoces de ser, o que os psicanalistas chamam de mundo pré-edipiano ou pré-verbal. Tais regressões só podem ocorrer se o analista estiver aberto ao caráter do analisando, que inevitavelmente se expressa através de movimentos densos de "uso de objeto". Esses movimentos operam antes de as palavras serem significantes: eles funcionam naquele mundo em que o enunciar era o agir, a palavra *era* o ato em si.

O eco freudiano

Cada geração de psicanalistas retorna a Freud não apenas para estudar as origens da psicanálise, mas porque seus escritos são tão profundos que se descobre um parágrafo aqui ou

---

[17] Ibid., p. 146.

uma frase ali capaz de provocar uma nova reflexão sobre as suposições contemporâneas. Nesse retorno, é algo estranho, e para alguns bastante embaraçoso, encontrar uma futura linha de pensamento que foi considerada originalmente abandonada por Freud (talvez por falta de tempo) e por seus seguidores (provavelmente por falta de genialidade).

De volta à passagem sobre o psicanalista em atenção uniformemente suspensa, perguntemos outra vez: onde estaria o psicanalista enquanto escuta nesse estado de espírito, e como seria possível saber se ele está se comunicando inconscientemente com o paciente?

De certa forma, a resposta é ilusoriamente simples.

Ao escutar qualquer paciente falando livremente, de tempos em tempos o psicanalista é surpreendido por uma certa palavra, imagem, movimento corporal ou modo de falar. Ele não sabe por que é assim; lembremos que não se espera que saiba por que é movido dessa maneira. Quando o analisando para de associar, muitas vezes o analista considera sua última palavra sugestiva. "Eu vi meu colega no jogo de futebol ontem, e ele estava com um estranho." Surpreso pela palavra "estranho", o analista a ecoa. Se ele estiver em comunicação inconsciente com o paciente, então a repetição de uma palavra evocativa desencadeará mais pensamentos. No caso do "estranho", na verdade, o paciente não apenas falou sobre como era o "estranho", mas cometeu um ato falho e se referiu à "manjedoura",[18] as associações eventualmente levando a uma fantasia de que seu colega estava na companhia de uma figura que era o novo Messias do mundo dos negócios.

---

[18] Em inglês, a palavra "stranger" ["estranho"] rima e pode se confundir sonoramente com a palavra "manger" ["manjedoura"]. [N. T.]

Ao repetir as palavras do analisando, um psicanalista se entrega à sua experiência emocional do discurso do paciente. Isso constitui um modo funcional de confiança na percepção inconsciente do *self* das comunicações do analisando, no qual o analista pode posteriormente determinar se está em sintonia com o paciente. Se o analisando permanece em silêncio, ou pede uma elucidação, ou mesmo se fica travado ao responder à repetição feita pelo analista, isso geralmente é evidência de que este perdeu o contato com o paciente.

O espelho freudiano

O Eco Freudiano é uma forma de espelhamento: o psicanalista reflete o discurso do paciente, transformando-o em algo diferente, a partir de uma palavra "comum", inserida em uma cadeia de ideias. A palavra adquire um valor psíquico mais elevado e agora reside no inconsciente do paciente como uma força dinâmica (ou "nódulo") que atrai ideias correlacionadas e gera novos significados.

Como resultado desse espelhamento, o inconsciente do paciente *sente* a presença de seu correspondente no outro. É como se uma pessoa que fala francês e vive em uma cultura anglófona ouvisse por acaso (ou subliminarmente) o analista falando francês. Assim, o paciente pode começar a falar em francês, ouvindo de volta a língua desejada — ou, deveríamos dizer, a linguagem do desejo. Isso acontece porque esse aspecto do Par Freudiano, que abre o discurso à permeabilidade do pensamento e influência inconscientes, é quase certamente uma forma de desejo peculiar ao pensamento inconsciente. No entanto, se o psicanalista não escuta à maneira freudiana, diríamos que o inconsciente do paciente talvez não perceba sua contraparte no analista e não encontre seu desejo durante o curso da análise.

"Deslizes"

A associação livre torna o inconsciente manifesto. Ela funciona como uma via cada vez mais sofisticada para a articulação de ideias inconscientes, não importando a sua origem: a lógica de sequência; a lógica de projeção; o teatro de partes do *self* interagindo umas com as outras e com objetos parentais; ou o movimento do caráter.

Essa maior acessibilidade torna possível um tipo de *porosidade*, conforme o analisando libera conteúdos inconscientes, muitas vezes através de um aumento no número de lapsos verbais. Por exemplo, no meio de uma análise, uma paciente se engajava tanto para refletir sobre a relação com sua mãe quanto para resistir a esses pensamentos. A mãe sempre fora idealizada com muito cuidado pela analisanda, mas agora ela estava muito bem em sua capacidade de associação livre; então, em uma sessão, quando ela disse "Eu compartilhei uma *explosão* emocional com minha mãe", em vez do pretendido "Eu compartilhei uma *ligação* emocional com minha mãe",[19] a paciente imediatamente sentiu o significado de sua correção inconsciente.

---

19 O efeito aludido pelo autor decorre, em inglês, de uma "homofonia" quase total com a pronúncia de "bomb" e "bond". A opção da tradução foi por focar mais na "rima" das duas palavras escolhidas do português e em como a semelhança silábica poderia reproduzir o efeito sobre o inconsciente. [N. T.]

À medida que o método da associação livre aumenta a permeabilidade da fala — expondo o discurso do *eu* a esse tipo de parapraxia —, é quase como se o inconsciente do analisando, de modo astuto, concebesse a psicanálise como uma espécie de forma artística para sua expressão, e, tendo sido frustrado alhures em seu desejo de representar os verdadeiros pensamentos do *self*, corre para o espaço analítico com um certo prazer.

Falar livremente é em si uma forma de pensamento. Quando "pensa em voz alta", o paciente descobre o que não achava que sabia, além de encontrar nessa forma de representação uma nova técnica de pensamento. Por ironia, a invectiva "você não sabe do que está falando" se torna uma qualidade surpreendentemente positiva em uma psicanálise, em que o analisando aprende exatamente isso. De fato, ele *não sabe* do que está falando, mas essa liberdade permite que descubra que o inconsciente fala através da consciência do *self* e, olhando para trás, pode ser compreendido retrospectivamente, de tempos em tempos.

Importante salientar que os pacientes encontram um discurso que lhes permite tanto liberar a mente inconsciente quanto dela se conscientizarem. Analisandos que praticam a associação livre também escutam o fluxo de ideias; essa relação objetal intersubjetiva (parte das relações subjetivas)[20] revela para cada pessoa uma relação radical e totalmente nova em relação ao *self*. Se o psicanalista fosse o único intérprete do discurso do paciente, a possibilidade dessa nova forma de ser (com si próprio) se-

---

[20] Para mais discussões sobre a "teoria das relações de sujeito", veja Christopher Bollas, *Forces of Destiny*. Londres: Free Association Books, 1989.

ria destruída. Felizmente, no entanto, os analistas imersos na teoria da técnica freudiana sabem que uma das grandes realizações da psicanálise é a nova relação que o paciente desenvolve com sua própria vida inconsciente.

Crença e objetividade

A representação estereotipada do analista freudiano é a de um indivíduo autoritário com um poderoso conjunto de verdades estabelecidas, que está apenas à espera pelo momento certo para doutrinar o paciente na ideologia freudiana. Descobrir que isso não é verdade constitui tanto um alívio quanto uma decepção irônica. Na realidade, os psicanalistas que trabalham dentro do Par Freudiano não sabem, por muito tempo, o que seus pacientes querem dizer com o que estão falando. Por não estar em posição de ter uma ideia pronta para oferecer, o psicanalista freudiano se vê de fato perdido no movimento das comunicações do paciente. É preciso uma considerável disciplina pessoal e fé para aderir a essa forma de escuta.

No entanto, o psicanalista não seria capaz de oferecer pontos de vista e doutrinas pessoais?

É sempre possível que qualquer pessoa que ouça outra ofereça conselhos prescritivos, incluindo recomendações para seguir os ditames ideológicos do ouvinte. E se o psicanalista estiver inclinado a fazê-lo, ele pode sair do Par Freudiano para fazer o mesmo que qualquer outra pessoa. O próprio Freud com frequência saía de seu método para aconselhar pacientes e instruí-los em uma ou outra de suas visões do conflito humano. De fato, podemos esperar que a psicanálise, como teoria do conflito, esteja inevitavelmente saturada de ideias preestabelecidas, transmitidas do analista para o paciente. Isso é uma crítica à psicanálise que qualquer um de seus detratores pode imediatamente sugerir, porque eles sabem, de suas próprias personalidades, que todo o *self* vem com seus dogmas. Então, o que há na psicanálise para compensar essa impertinente característica universal?

O método da associação livre subverte as tendências autoritárias intrínsecas do psicanalista, bem como o desejo do paciente de ser dominado pelo conhecimento do outro. Então, isso é motivo ainda mais forte para uma reflexão sobre a extraordinária sabedoria de um método que demanda do analista uma renúncia às suas memórias e intenções conscientes e sugere que ele se renda a uma forma de escuta que ativamente o despoja da capacidade de transmitir sua própria ideologia — freudiana ou não. Em vez disso, o analista fica com a fé freudiana: a crença de que se livrar de si mesmo (e de todas as suas teorias) e se entregar às próprias experiências emocionais pode contribuir para que, eventualmente, o pensamento inconsciente do analisando se revele.

Freud usou a palavra "fé" para descrever o estado de espírito necessário para participar de seu método:

> Eu sei que é pedir muito, não apenas do paciente, mas também do psicanalista, esperar que abandonem seus objetivos conscientes propositais que, apesar de tudo, ainda nos parecem "contingenciais". Mas posso garantir que somos recompensados sempre que resolvemos ter fé em nossos próprios princípios teóricos e nos convencemos

a não contestar a orientação do inconsciente no acionamento de conexões.[21]

A fé freudiana se sustenta pela inteligência intuitiva do analista, que reflete sua receptividade inconsciente. É muito produtivo quando o analista ecoa, meramente a partir de seu próprio *sentido* da operação do inconsciente do analisando, os comentários deste. Esse eco produz, literalmente, mais material a partir do paciente e, nesse sentido, é altamente objetivo (produz *mais* objetos mentais). Uma profunda intersubjetividade produz sua própria forma de objetividade.

Quando suspende suas visões pessoais e teorias psicanalíticas para apoiar o pensamento inconsciente do analisando, o psicanalista não só viabiliza a produção de mais pensamentos como auxilia o paciente a definir as verdades da própria análise. O analisando será o autor do próprio significado. Será ele, não o analista, quem fornecerá à psicanálise campos de significado, criando uma rede complexa de associações que se tornam profundamente informativas.

---

[21] Sigmund Freud, "The handling of dream-interpretation in psycho-analysis" [O manejo da interpretação dos sonhos na psicanálise]. In: ___. *Standard Edition of the Complete Psychological Works of Sigmund Freud*, XII. Londres: Hogarth Press, 1911. p. 94.

A rede e o inconsciente receptivo

Freud acreditava que o inconsciente era capaz de se desenvolver ("o Ics. está vivo e capaz de desenvolvimento... [e] é acessível às impressões da vida").[22] No livro dos sonhos, ele fornece uma pista sobre como esse desdobramento acontece:

> Os pensamentos oníricos aos quais somos levados pela interpretação não podem, pela natureza das coisas, ter finais definidos; eles estão fadados a se ramificar em todas as direções na intrincada rede do nosso mundo de pensamento. Em algum ponto, onde essa rede está particularmente próxima, o desejo do sonho cresce, como um cogumelo a partir de seu micélio.[23]

A "rede" ["meshwork"] é a tradução (inglesa) de James Strachey para a palavra alemã "Geflecht", que também significa "teia" ou "trançado". Essa "ramificação" ocorre por meio das associações livres do analisando: no decurso de uma análise, as "teias" se desenvolvem em uma rede de pensamentos que constitui a matriz do inconsciente conforme ele funciona dentro do espaço psicanalítico. Quando solicita tais associações livres e as recebe por meio de um quadro mental bem específico, o analista não apenas aumenta a rede de conhecimento, mas também amplia, ao mesmo tempo, o alcance inconsciente do analisando.

---

[22] Sigmund Freud, 1915, p. 190.
[23] Sigmund Freud, "The Interpretation of Dreams" [A interpretação dos sonhos]. In: ___. *Standard Edition of the Complete Psychological Works of Sigmund Freud*, V. Londres: Hogarth Press, 1900. p. 525.

O psicanalista desenvolve a capacidade inconsciente do paciente.

Para utilizar a teoria de Winnicott dos *selves* verdadeiro e falso — uma distinção que ele fez, a princípio, para discutir a pessoa submissa que abandonou seus próprios desejos e crenças intrínsecos para se adequar às demandas do outro —, podemos ver como o Par Freudiano promove a articulação do verdadeiro *self* do analisando. Por "verdadeiro *self*" não queremos dizer "verdadeiro" como algo absoluto, nem mesmo "verdadeiro" no sentido mais puro em comparação com o falso *self*, já que este último também é uma parte verdadeira do caráter da pessoa. Winnicott queria dizer que o verdadeiro *self* de qualquer pessoa era o gesto espontâneo — no ser, no brincar, na fala ou no relacionamento — que era evidência da expressão momentânea do *self* de seu desejo de apresentar ou representar o idioma singular do *self*. Ao se alongar, bocejar ou olhar para um objeto enquanto conversa com outro, o *self* pode quebrar a convenção do momento. Tais movimentos são sinais de espontaneidade.

O verdadeiro *self* é a liberdade do idioma do *self* de se realizar nas formas da vida cotidiana, enquanto o falso *self* refere-se à adoção de formas que restringem essa liberdade.

O Par Freudiano suspende a conformidade média esperada. Claro, também poderia se argumentar que o analisando na verdade cumpre a injunção de associar livremente, e com certeza Freud foi, por vezes, muito insistente para que o paciente aceitasse essa exigência, então é claro que a regra é paradoxal. O paciente deve se adaptar a um meio que promova a articulação do inconsciente: ele sucumbe à liberdade de expressão.

Livre para falar o que lhe vier à mente, o analisando freudiano aos poucos se acostuma a mover-se de um tópico para outro, enquanto eventos do dia anterior, relatos de sonhos, auto-observações, memórias e os interesses médios da vida cotidiana emergem na sessão analítica. Nenhum paciente conta tudo, mas Freud não esperava um relato absoluto. Todos guardam segredos, sejam lembranças de formas diferentes de indiscrição, ideias sexuais que parecem muito privadas para revelar ou ações anteriores que assombram o *self* com culpa. O que importa na prática freudiana é que o analisando continue falando, passando de um tópico para outro, sem tentar descobrir (conscientemente) o que tudo isso significa e tolerando a ausência comparativa de comentários analíticos.

Depois de um tempo, paciente e psicanalista encontram seu próprio caminho com o método. Emergem variações sutis. O paciente muitas vezes fica em silêncio, envolvido em um pensamento associativo profundo que *não* será relatado. O psicanalista também terá muitas associações ao que o paciente diz que não serão reveladas. Muitas vezes, ele percebe que, quando está fazendo um comentário, o paciente parece ter se distraído. O analista descobre que sua interpretação é usada não por sua aparente precisão, mas como uma forma evocativa: porque o analista está falando, curiosamente o analisando está livre para não ouvir! Ao não ouvir, entretanto, o analisando parece ser intrapsiquicamente direcionado para outra interpretação. À observação do analista "Você está pensando em outra coisa?", o paciente responde que, enquanto o analista estava falando, ele, o paciente, pensava em x, onde x pode ser uma interpretação do seu inconsciente que será diferente da do analista; mas x não teria sido possível sem a interpretação do analista constituindo diferença naquele momento.

A teoria de rede de Freud também nos permite expandir ainda mais nossa percepção da compreensão inconsciente do analista das comunicações do analisando. Durante todo o processo, enquanto estiver em estado de atenção flutuante, o psicanalista estará naturalmente envolvido em suas próprias associações livres interiores para o material do paciente. Como já discutido, o analista será impactado com frequência por uma palavra ou imagem específica e a ecoará, vez por outra, em um ato determinado exclusivamente pelo próprio senso pré-associativo do valor da palavra. Mas com o tempo, ele terá tecido uma vasta rede de associações internas, construídas em torno das comunicações do analisando; e essa rede se tornará o campo psíquico através do qual ele filtra a história contínua do paciente em análise.

Repressão ou recepção?

Ambos os participantes estão envolvidos em um trabalho inconsciente, mas a cooperação realizada no Par Freudiano oferece uma noção do inconsciente complementar àquela que Freud privilegiou. Ele enfatizou o inconsciente reprimido em seu esforço para discutir o destino mental de ideias indesejadas. Em 1923, no entanto, ele foi surpreendido pelo que parecia ser uma contradição em sua teoria do inconsciente.[24] Além da existência de conteúdos reprimidos, havia também uma agência mental, ela mesma in-

---

[24] Veja Sigmund Freud, "The Ego and the Id" [O Ego e o Id]. In: ___. *Standard Edition of the Complete Psychological Works of Sigmund Freud*, XIX. Londres: Hogarth Press, 1923b, pp. 3-66.

consciente, realizando a repressão. O que ele deveria fazer com essas duas definições díspares do inconsciente?

Formalmente, esse problema nunca foi resolvido por Freud, todavia é fácil encontrar em seus escritos uma resolução tácita da aparente contradição. É o ego, evidentemente, o agente repressor que opera os mecanismos da mente. É ele que conduz o trabalho dos sonhos, que forma sintomas, que armazena momentos psiquicamente valiosos durante o dia, que organiza todas as características da vida inconsciente de um *self*. Ele tem um interesse em perceber a realidade, em dar-lhe organização e em comunicá-la aos outros. Se no início da raça humana tal organização era essencial para a sobrevivência, em circunstâncias menos graves tornou-se uma forma de prazer em si mesma. E, enquanto a repressão de ideias indesejadas é uma defesa necessária contra sentimentos desagradáveis delas derivados, a recepção da realidade é uma condição necessária para a sobrevivência e o prazer do *self*.

Freud não formalizou uma teoria do inconsciente receptivo em contraposição ao inconsciente reprimido, mas sua teoria dos sonhos e sua crença e uso da comunicação inconsciente revelam uma suposição complexa sobre a capacidade receptiva do ego (e o retorno do recebido) nas muitas diferentes formas de comunicação, seja na fala, pintura, composição ou movimentação corporal.

Genera psíquicos

Qualquer *self* recebe e altera a realidade, organizando a vida em bancos de memória (ou redes) onde as percepções se estruturam em matrizes psíquicas altamente condensadas.

A vida nos interessa de múltiplas maneiras. Movido por uma curiosidade intrínseca, nosso desejo busca seu prazer por meio de incontáveis momentos gratificantes, memoráveis em diferentes graus. A psicanálise é uma teoria do desejo da memória: de experiências que, tendo gerado um certo valor, se tornam a base de interesses subsequentes relacionados. Com o tempo, o *self* estrutura uma miríade de interesses (e sua história) em áreas psíquicas que viabilizam novas e distintas perspectivas à sua visão de realidade.

Tais estruturas mentais começam como questões derivadas de experiências simples. "Como posso ter esse prazer de novo?" "Como evito mais esse tipo de dor?" "O que me interessa?" Essas perguntas são referidas pelo inconsciente a diferentes regiões psíquicas que operam em questões conexas. No início da vida, por exemplo, o seio é um objeto de desejo. "O que é isso?" forma o paradigma de todas as perguntas, e qualquer *self* irá organizar uma estrutura psíquica em torno do desejo e sua história, que não só impulsiona a curiosidade, mas também fomenta marcantes percepções, ou epifanias, que contribuem para sua evolução.

Um paciente, por exemplo, tem trabalhado inconscientemente por meses em questões que parecem ter algo a ver com cor e luz. Em uma semana, ele fala sobre pintar um quarto; em outra, esse tema recorre no tópico da iluminação de objetos que ele pretende fazer como parte de um projeto profissional; e em outra semana tem uma série de sonhos que retratam interesses na cor da pele. Um dia ele chega para uma sessão depois de ter passado por uma padaria, onde notou a opacidade pálida de um tipo de pão francês. Sentia-se como que no silêncio antes de uma revelação e, na sessão, enquanto falava sobre as férias de verão que estavam por vir, disse: "Acho que gostaria de ir para Tucson". Ele já tinha pensado em Tucson antes, mas nunca havia sentido uma urgência em ir lá. Em uma série de associações rápidas — mais como a formação de uma epifania —, o paciente logo relacionou as cores do deserto com diferentes tipos de plantas e animais nativos do Arizona. Então se lembrou de uma mulher de sua infância chamada "Tucson Peg", uma mulher que ele conhecia apenas como amiga próxima de seus pais, pois ela visitava a família todos os verões por alguns dias. A partir desse complexo de ideias, de repente disse: "Lembro-me de um dia ter me sentido muito atraído por minha mãe, achando-a incrivelmente bonita em seu maiô. Percebo que recusei seguir qualquer coisa associada à sua beleza porque é proibido".

Como as associações prévias *culminam* nesse tipo de percepção? Talvez jamais saibamos. Podemos inferir que o aumento do interesse do paciente por cor tinha algo a ver com a beleza de sua mãe, pois depois dessa sessão ele se tornou mais específico, lembrando a cor do maiô dela e sua bela pele. Ele também se lembrou de uma pintura na casa — um retrato colorido de uma mulher — pela qual sempre nutrira sentimentos muito especiais. Lembrou-se de achar Tucson Peg uma mulher muito atraente, e ele associava Tucson, em si, à liberdade e à beleza do Oeste.

Podemos ver, então, o analisando articulando por vários meses o que chamaríamos de *genera* psíquicos[25] — impressões recolhidas em uma área da vida psíquica do *self* — a

---

[25] Veja Christopher Bollas, *Being a Character*. Nova York: Hill and Wang, 1992.

fim de reunir o material mental do que seria, em última instância, uma nova perspectiva sobre si mesmo, seu passado e seu futuro. Essas constelações internas de interesse se formam por meio das associações de pensamentos durante o dia, em geral como resposta a episódios discretos de experiência vivida, seguindo desejos de longa data no *self*. Quando a estrutura atinge uma epifania, entendida aqui como um momento de insight que permite ao *self* aumentar sua capacidade reflexiva, a pessoa se vê a si própria e aos outros de uma maneira um tanto nova.

Uma das características intrigantes de uma análise é o fato de que os pacientes têm essas composições internas organizadas, as quais, como ímãs, atraem novas impressões e servem como o núcleo da articulação criativa, pelo *self*, das próprias composições internas. Os *genera* psíquicos recebem as impressões da vida, promovem novas perspectivas sobre a existência do *self* e, ao mesmo tempo, impulsionam suas representações no ser, no brincar ou no relacionar-se.

Os *genera* refletem o trabalho de recepção, que segue o instinto epistemofílico do *self*: o desejo de saber. Trabalhar o conhecimento é uma forma de prazer derivada no início, da exploração do corpo da mãe (real ou imaginado) pelo bebê e das luxúrias edipianas da criança. O trabalho de recepção também é impulsionado pelo desejo do ego de dominação (de sua realidade psíquica), expresso através da organização das impressões da vida. Áreas de interesse são agrupadas e armazenadas no inconsciente até que possam gerar uma nova perspectiva, momento em que há alguma forma de reconhecimento emocional da presença de um novo insight.

O trabalho de recepção pode ser diferenciado do trabalho de repressão, pois a recepção é o desejo de coletar e organizar impressões para se ter acesso mais amplo aos prazeres da vida, enquanto a repressão reflete a operação da ansiedade, que expele as impressões que desagradam a consciência. As organizações receptivas, entretanto, estão abertas a fenômenos reprimidos. No caso anterior, fica claro que a figura de Tucson Peg é derivada, em parte, dos desejos reprimidos do paciente por sua mãe.

Os analistas apreciam quando os analisandos parecem estar envolvidos em diferentes operações inconscientes. Em qualquer momento de uma análise, um paciente está desenvolvendo inúmeras composições inconscientes. Enquanto fala sobre questões em sua vida, revela seleções inconscientes guiadas pelo desejo de cada composição; e a associação livre atua nessas composições. Inconscientemente receptivo à comunicação do paciente, o psicanalista também se dedica ao ato de compor.

Se a repressão busca banir o indesejado, a recepção reúne o desejado. Seja qual for a natureza do conteúdo, o ego tem muitos meios à disposição para a colocação diferenciada do prazer e do desprazer nos vários núcleos que constituem a matriz do inconsciente. Fora da análise, isso acontece em pequena escala ao longo do dia, quando os interesses do dia são organizados em sonhos naquela noite. Podemos usar isso como paradigma dos *genera* psíquicos. As preocupações do dia, que por sua vez estão vinculadas à história total do *self* até aquele instante, reúnem-se em grupos de pressão que estimulam o ego a formar sonhos naquela noite. Esses pontos de reunião são *genera* psíquicos que desejam a maestria organizacional para alcançar o prazer da representação.

Em uma medida considerável, Freud propiciou em seu conceito de "pontos nodais" uma teoria do que aqui se descreve como "*genera*". Ele acreditava que a vida psíquica era estratificada de forma concêntrica, com diversos fios lógicos emanando ou convergindo para núcleos psíquicos ao longo de "um caminho irregular e sinuoso", e — crucialmente — que "essa disposição tem um caráter dinâmico".[26] Ele então acrescenta:

> A cadeia lógica corresponde não apenas a uma linha ziguezagueante e tortuosa, mas sim a um sistema ramificado de linhas e, mais particularmente, a um sistema convergente. Ele contém pontos nodais nos quais dois ou mais fios se encontram e, a partir daí, seguem como um; e, em regra, vários fios que correm independentemente, ou que estão conectados em vários pontos por caminhos secundários, desaguam no núcleo.[27]

Esses pontos nodais são os *genera*. Eles se aglutinam a partir de fontes diversas que, em uma rede momentânea, encontram alguma forma de interesse compartilhado; tal interesse torna-se, então, "sobredeterminado" e, agora mais forte do que antes, entre outras consequências, demandará representação.

---

26 Josef Breuer e Sigmund Freud, "Studies on hysteria" [Estudos sobre a histeria]. In: ___. *Standard Edition of the Complete Psychological Works of Sigmund Freud*, II. Londres: Hogarth Press, 1893-5. p. 289.
27 Ibid., p. 290.

Questões do dia

O curioso laboratório da psicanálise nos permite ver como as pessoas pensam no modo inconsciente. Mais comumente, uma sessão parece colocar questões implícitas ou explícitas. Um paciente pode começar com uma queixa sobre algum aspecto da vida, talvez uma afirmação como: "Eu odeio quando as pessoas não atentam aos sinais de tráfego". Essa declaração aos poucos se desdobra na questão "Por que eu odeio quando os outros não atentam aos sinais de tráfego?", que, com mais associações, se decompõe em múltiplas questões. O "sinal de tráfego" pode se dividir em "sinal" e "tráfego", a palavra "tráfego", que leva eventualmente à ansiedade do paciente sobre sua filha passando tempo com pessoas traficando drogas. Por um tempo, a palavra "sinal" pode persistir, conectada a essa ansiedade, enquanto o paciente chega a perguntar, de fato, se ele prestou atenção aos sinais exibidos pela filha. Em algum momento, essa palavra pode se disseminar em "sina", "sinos" e "silêncios", e a partir daí em "sinaleiros"[28] e outros sons de "si-" que dispersam as condensações mantidas por esse significante. Então, o que começa como uma afirmação, leva naturalmente a diversas questões, que por sua vez se metamorfoseiam em outras indagações sob a mágica mutativa da associação livre.

---

[28] No original, o autor enfoca algumas possíveis derivações fonêmicas da primeira sílaba da palavra "signal" ("single", "signs", "sighs", "sights"). Na tradução optamos por manter os fonemas "si", o que nos levou a alguns vocábulos diversos, mas acreditamos que a lógica associativa sonora foi razoavelmente mantida. [N. T.]

Muitas vezes, os pacientes se surpreendem com questões bastante explícitas e, o mais interessante, com frequência oferecem uma resposta inconsciente. Falando sobre sua ansiedade ao visitar um tio, um paciente diz: "Não sei por que estou preocupado em visitá-lo". Ele pausa, e diz "Ah, bem", e então continua falando sobre algo que pareceria completamente diferente. "Eu estava com minha amiga Alice. Fomos a um restaurante e, sabe, eu tinha esquecido quão alterada ela pode ficar quando começa a falar sobre o ex-namorado. Meu Deus, foi constrangedor." Seguindo a lógica dessa associação, o psicanalista pode muito bem dizer algo como: "Você perguntou por que está preocupado em visitar seu tio. Sua associação é uma resposta: você tem medo de que ele o constranja?".

É provável que isso assim o seja: a lógica da associação é uma forma de pensamento inconsciente, então se o paciente faz uma pergunta direta, pausa por um momento e depois continua falando sobre outra coisa, é muito plausível que o próximo tópico seja alguma forma de resposta.

Não demora muito para o analisando começar a apreciar o pensamento associativo. Afinal, o material usado pelo analista terá vindo, nesse sentido, inteiramente do paciente. A fonte da verdade, tal como ela é, terá sido derivada do processo de pensamento do analisando. No entanto, as implicações desse tipo de trabalho são amplas e muito intrigantes.

Frequência

Quando as pessoas falam sobre comunicação entre si, elas podem se referir a "estar na mesma frequência". Podemos observar algo dessa ideia na psicanálise quando examinamos a "frequência" das associações de um paciente. Freud se concentra na lógica da sequência no aqui e agora, uma lógica que, em última análise, revela uma leitura atenta por parte do paciente de sua própria experiência vivida. Mas o analista também observa certas palavras, imagens, memórias, sonhos e padrões de pensamento anteriores que se repetem ao longo das sessões. Por exemplo, pode ficar claro que um paciente discutindo o navio de cruzeiro QE II e o preço de uma passagem para Nova York pode ter tido um sonho sobre estar a bordo de um navio duas semanas antes, o que, por sua vez, se conectou à sua memória de viajar para Santander em uma grande balsa.

Alguns padrões de associação livre parecem ter grandes intervalos de frequência, com a linha de pensamento se articulando ao longo de um período mais longo do que o trabalho mais corriqueiro da lógica associativa imediata da sessão. Às vezes, sonhos particularmente vívidos e emocionalmente tocantes condensam questões elaboradas pelo *self* ao longo de um extenso período.

Isso não seria nenhuma surpresa.

Durante o dia, certas pessoas, lugares e eventos têm mais efeito emocional em uma pessoa do que em outras, e seu valor psíquico competirá para formar um sonho naquela noite. Mas essas experiências muitas vezes possuem tal valor porque caem circunstancialmente na rota de um interesse anterior, que agora se encontra em movimento disseminativo. Cada linha de interesse sempre encontra algo na experiência vivida que se une magneticamente a ela, formando milhares e milhares de interesses basilares. O paciente sonha — muitas vezes fazendo novas conexões entre interesses anteriores — e então vem o novo dia, durante o qual o sonho e seus muitos aspectos se desdobram sob novas associações livres e eventos fortuitos no mundo real.

O paciente que faz associações livres continuará pensando em ideias que existem desde a infância, muitas das quais têm "frequências" muito longas, algumas levando anos para reaparecer. Pode levar anos para que um sonho recorrente volte, mas sua repetição fala de uma linha de pensamento em particular, sustentando seus interesses ao longo da vida do *self*.

O Par Freudiano constitui uma temporalidade sequencial mista. Embora a sessão faça parte de algum interesse mais local e una muitos interesses anteriores em um espaço compartilhado por um tempo, ela também é uma colagem temporal, pois linhas de pensamento ativadas em muitos ritmos temporais diferentes estão presentes ao mesmo tempo. A mente aberta do psicanalista permite que ele esteja sob a influência de qualquer onda de pensamento, seja qual for sua frequência. De fato, o analista pode perceber inconscientemente uma linha de pensamento que surge de modo efêmero, mas cuja história antecede em muito a análise, o que a exclui de qualquer possibilidade de tradução para a consciência.

Será que o psicanalista possui uma capacidade temporal que pode operar em frequências variadas? A repetição de séries de associação, que se sucedem em temporalidades diferentes, instrui seu inconsciente quanto à frequência dessa rede. De fato, se aproximadamente a cada três semanas um analisando fala sobre sua relação com seu pai, então podemos presumir que a cada três semanas o inconsciente do analista sintoniza-se nessa frequência.

Certos eventos na vida ocorrem, obviamente, em intervalos regulares. Um holerite no final do mês sempre trará alguma informação sobre o que fazer com o dinheiro. Os meses do ano possuem significado cultural e liberam conjuntos de associações, assim como dias específicos como Natal, Páscoa, Ano-Novo, e assim por diante. O aniversário do analisando, a data da morte da mãe ou do pai, a data em que ele se mudou de um país para outro; todos ocorrem em intervalos regulares e evocam conjuntos de associações. Mas as vidas humanas têm calendários psíquicos muito mais precisos e densos que criam repetições e intervalos que não estarão conscientemente claros para o paciente ou para o analista. O paciente se lembra que foi em 5 de abril de 1951 que sua mãe atropelou outra criança com o carro da família? Ou que em 14 de outubro de 1953 o pai perdeu o emprego? Ou que em 22 de fevereiro de 1956 a mãe sofreu um aborto? É improvável que esses dias sejam lembrados conscientemente pelo analisando, mas terão sido armazenados no inconsciente; e quando cada data ocorre no calendário anual, ela pode evocar memórias inconscientes ligadas a todos esses eventos significativos anteriores. De fato, muitas vezes é por uma recorrência de estado de humor que o analista descobrirá algo esquecido e latente. Por exemplo, depois de trabalhar com um paciente por três anos, mostrou-se que todo mês de abril o paciente ficava deprimido. Só quando o analista lhe perguntou se alguma coisa desagradável tinha acontecido em abril é que se descobriu que esse era o mês em que a sua mãe cometera suicídio. A partir dos abris seguintes foi possível observar a recorrência do fato. O que é incomum sobre esse momento é que ele permitiu que o analista descobrisse a agência do intervalo; normalmente, ele pode não compreender o significado de tais intervalos, ou mesmo estar ciente de que uma onda ocorre todo ano na mesma época.

Para complicar ainda mais, mas para ser mais preciso, podemos dizer que essas diferentes ondas de interesse inconsciente, que permeiam qualquer período de associação livre, se sobrepõem umas às outras para formar o movimento sinfônico do inconsciente. Uma paciente vê um acidente de carro na noite anterior à sessão e, ao relatar esse evento, ativará outra série de associações ligadas à ocasião em que sua mãe atropelou uma criança em 1951. Esses não são os únicos interesses na hora analítica, já que há outras experiências emocionais do dia anterior, sonhos da noite e associações antes da sessão que se concentram em áreas de interesse separadas. Mas todos esses interesses se tornam parte do mesmo momento no tempo inconsciente, e todos eles são moldados pelo ego do paciente no trabalho do sonho da associação livre comum, em que o paciente passa de um tópico para o próximo, completamente ignorante de tudo o que está processando no aqui e agora.

Podemos encontrar uma correspondência entre o analista ouvinte e a audiência musical, pois essa é uma ação que exige a habilidade de seguir representações díspares — algumas repetidas, outras bastantes novas — que ocorrem no mesmo momento no tempo.

A pulsão para representação

Freud nunca conseguiu responder à pergunta que continuamente fazia a si mesmo: não é todo sonho uma realização de desejo?

Ele encontrou sonhos que pareciam estar além do desejo humano.

O erro de Freud foi confundir o conteúdo mental com a forma mental. Ele tendia a se restringir ao exame de conteúdos mentais específicos — sonhos de ansiedade, e assim por diante — que o desafiavam a encontrar o desejo oculto no que, de outra forma, pareceria ser uma atividade mental altamente desagradável.

O que ele deixou de ver foi algo bastante simples: qualquer sonho realiza o desejo de sonhar, portanto todo sonho é uma realização de desejo.

O sonho é uma *forma* de representação inconsciente.

Ao comparar o sonho com um sintoma, Freud notou que o ego escolhe diferentes formas para a representação de conteúdos inconscientes. Por não apreciar esse desejo humano de representar, ele não pôde atentar à pulsão subjacente do ego e a muitas das questões que explicam a comunicação inconsciente. Sua teoria dos instintos chegou perto; mas não é o caso — como a escola clássica argumentaria — de que todo o pensamento humano é uma compilação de instintos individuais derivados. Essa é uma teoria de conteúdo que foi longe demais e confunde forma com conteúdo.

O instinto infantil — um arco intrapsíquico de sua fonte para seu objeto — é um paradigma de representação. Para satisfazer o instinto, o *self* deve construir um objeto. Simplificando: se o instinto é a fome, então o objeto seria o pensamento "Eu estou com fome", ou uma imagem de algo comestível. Isso se repete ao longo da infância e da adolescência, e embora o paradigma infantil não constitua o caráter de todos os instintos individuais em si, ele sempre gera o desejo de representar o *self*.

A pulsão representacional é o que faz do ser humano algo único.

O desejo de representar o *self* pressupõe sua crença em um bom objeto, que por sua vez é baseado em suas comunicações de estados infantis iniciais à mãe, que em menor ou maior extensão recebeu e transformou essas comunicações. Podemos pensar no prazer dessa representação e sua recepção como superando a dor de qualquer conteúdo representado particular. Assim, o princípio do prazer da representação estimula o *self* a se comunicar com o outro, e parte dessa ação complexa é o investimento inconsciente do *self* em buscar sua própria verdade.

Buscando a própria verdade

O que significaria buscar a própria verdade?

Isso só poderia significar a busca para representar conflitos inconscientes de modo que o processo de representação em si possa começar a empreender a tarefa de autolibertação. O prazer da representação promove outros prazeres: o prazer da autodescoberta e de ser compreendido.

Se recorrermos ao Par Freudiano, podemos agora ver como o processo de associação livre gratifica continuamente o prazer do *self* na representação, em especial quando serve ao impulso de representar os interesses inconscientes do *self*. O analista, ainda em um estado de suspensão — não intrusivo, concentrado, receptivo, onírico —, deriva da criatividade materna essa habilidade de apresentação dos elementos. E, assim como a mãe, que recebe e transforma as comunicações do seu bebê, transmitindo em cada momento de cuidado um tipo de devoção ao desenvolvimento do idioma do bebê, a função do psicanalista na ordem maternal efetivamente evoca a apresentação do idioma do analisando para uma maior articulação.

A associação livre dentro da relação analítica difere das associações comuns da vida cotidiana devido ao processo de se expressar diante do outro. A função maternal do analista, por assim dizer, celebra esse tipo de comunicação, e os "atos de fala" do analisando refletem o movimento do *self* como uma forma de ser. Pacientes que fazem associações livres são semelhantes, neste aspecto, a artistas que manifestam um estilo profundamente subjetivo através da forma de sua representação, assim como a assinatura de um poeta é revelada não por meio da mensagem do conteúdo do poema, mas a partir de sua forma.

Essa forma de recepção é certamente o que Winnicott tinha em mente quando comparou a concentração do psicanalista ao ato de "acolher". Bion também aponta para esse aspecto da relação psicanalítica quando se refere ao analista como "acolhendo" o paciente. De fato, Bion exorta o analista a estar "sem memória e desejo", algo essencial se ele quiser alcançar um estado de espírito muito especial que Bion chama de "devaneio". Ao "acolher" o paciente através do "devaneio", o psicanalista recebe os seus movimentos inconscientes, que não só fornecem mais informações sobre a vida interior e conflitos históricos, mas também facilitam a articulação do ser do analisando como uma forma de expressão.

Agora podemos adicionar uma dimensão extra à nossa compreensão de como a associação livre facilita a comunicação inconsciente. Ao receber a forma-do-ser do analisando — operacionalmente transmitida não apenas pela lógica das associações, mas também pela forma criada pelos atos de fala —, o psicanalista é internamente estruturado pela "linguagem do caráter".[29] Ao longo do tempo, ele se familiariza com a forma-do-ser de cada paciente e pode ler inconscientemente as características cada vez mais típicas do seu estilo. É muito provável que esse "treinamento de linguagem" explique os muitos momentos em uma análise nos quais, de maneira bastante insólita, o psicanalista parece saber o que o paciente vai dizer a seguir (muitas vezes fornecendo a próxima palavra) ou, com base em uma mescla de associação verbal, gesto corporal e humor, ele consegue "sentir" o significado do paciente.

Expansão mental

À medida que a associação livre produz mais "objetos falados", ao longo do tempo ela estabelece uma rede para o Par Freudiano e eventualmente cria uma linguagem inconscientemente compreensível do analisando. Com mais frequência, os comentários passageiros do psicanalista são ecos de palavras ou frases que o moveram, derivadas sem dúvida de sua própria colaboração inconsciente com o paciente. O ir-e-vir implícito nesse método se torna uma nova forma de pensar e reúne as intensidades psíquicas da vida do paciente — de sonhos, séries de associação, imagens, memórias —, e as decompõe à medida que essas organizações transitórias se disseminam através de novas associações.

Na metade do período de uma análise, a habilidade do paciente de pensar o inconsciente terá sido substancialmente

---

29 Veja Christopher Bollas, "Character: the language of self". *The International Journal of Psychoanalytic Psychotherapy*, v. 3, n. 4, pp. 397-418, 1974.

desenvolvida. Além disso, ele terá participado de uma forma de relação inconsciente que otimiza a capacidade do *self* de receber, organizar, criar e se comunicar com o outro. Todas as pessoas concebem representações mentais do outro na forma de objetos internos. A psicanálise não só favorece a representação de tais objetos como também fomenta a capacidade do *self* de comunicar a estética do seu ser ao outro. Ela permite que o *self* transmita sua própria alteridade.

De certo modo, essa realização da psicanálise tem menos a ver com a promoção da mudança em si do que com o *acolhimento* do analisando. E o resultado eficaz de uma análise pode muito bem ser, em grande parte, a experiência profundamente significativa que se vivencia em expressar a si próprio para o outro: talvez atendendo a uma necessidade latente há milhares de anos em nossa espécie, que só agora encontra uma forma que evoluiu para satisfazê-la.

À medida que o analisando desenvolve a habilidade de pensar, comunicar e receber nesses níveis inconscientes, podemos afirmar que a análise contribui para o crescimento da mente. Embora essa expansão inclua a consciência — ambos os participantes são beneficiários conscientes dos efeitos do trabalho inconsciente —, o maior ganho será no desenvolvimento de habilidades inconscientes.

De fato, a associação de ideias, ou rede, é o inconsciente. Pensamentos, disse Bion, exigem um pensador: a mente se origina da necessidade de engendrar pensamentos emergentes. Da mesma forma, a história de ideias associadas do *self* não só representa interesses psíquicos específicos como também deixa uma marca dinâmica de conexões que servem para perceber subsequentes "realidades" a partir de uma maior profundidade. O curso das associações estabelece padrões psíquicos de interesse que, uma vez consolidados, formam a estrutura arquitetônica do inconsciente.

Ao evocar uma série após outra de derivados do inconsciente, a psicanálise aumenta o alcance e a profundidade do pensamento inconsciente e, assim, expande a própria mente inconsciente.

Psicanálise e criatividade

A associação livre é uma forma de criatividade pessoal. Os analisandos sentem-se libertos para exprimir suas impressões da vida, sem saber que tipo de padrão de pensamento emergirá em um determinado dia; cada sessão será única e completamente diferente de qualquer outra. Muitas vezes, os pacientes se surpreenderão com seus padrões de pensamento e a lógica dos interesses inconscientes. No entanto, ao mesmo tempo, algo parecerá invariável, algo sobre o idioma pessoal do *self*.

O Par Freudiano permite ao analisando sentir o eco de seu ser no método no qual ele é um participante indispensável. Seria como ver a própria alma em um determinado tipo de espelho. As sessões variam, e os interesses inconscientes de cada um são infinitamente diversos, mas a forma de compor a si próprio, os outros e o mundo revela um estilo sempre individual e inseparável da identidade de cada um.

Os pacientes percebem como a psicanálise desenvolve as capacidades inconscientes, aprimorando a articulação de seu idioma por meio da forma representacional peculiar ao Par Freudiano. Embora essa nova forma de criatividade — no ser e no relacionar-se — seja intangível e faça parte da realidade imaterial, ela ainda pode ser sentida e é algo como um talento emocional adquirido.

Afeto, emoção, sentimento

Tendemos a usar as palavras "afeto", "emoção" e "sentimento" indistintamente, mas é útil, pelo menos para fins psicanalíticos, fazer a distinção entre elas.

Afetos são fenômenos como ansiedade, raiva e euforia, em sua forma pura e essencial. Eles fazem parte do material bruto de nossa vida interna.

Uma emoção é um fenômeno complexo que forma uma nova unidade de experiência do *self*. Ela inclui afeto, mas também é uma condensação de muitos outros elementos, como ideias, memórias, percepções inconscientes, derivados de estados somáticos e outros ingredientes mentais. As emoções podem se tornar conscientes ou podem permanecer inteiramente inconscientes.

A palavra "emoção" deriva do latim *movere*, "mover". Quando dizemos que somos "movidos" por algo, isso indica o aspecto sequencial e evolutivo da emoção. (Afetos, em si, não incluem esse elemento de movimento.) Embora possamos supor que muitos membros do reino animal experimentem alguma forma de afeto, as emoções podem ser experimentadas apenas por seres humanos e algumas formas superiores de vida animal, pois envolvem a capacidade de vincular afetos a ideias e uma consciência de memórias.

Para descrever a percepção de afeto ou emoção, comumente usamos a palavra "sentimento". Isso tem conotações de um sentido físico, o do toque. Sentir, quando usado para se referir ao psíquico em vez do somático, pode, de fato, ser considerado como um sentido à parte. Assim como nossos olhos veem o mundo visível, experienciamos sensações do mundo emocional: sentimos estados emocionais em nós mesmos e nos outros. A capacidade de usar esse modo de sentimento varia de acordo com o grau de desenvolvimento da vida emocional de um indivíduo — a qual, por sua vez, emerge da qualidade de suas experiências na infância, que formam uma espécie de banco de dados emocionais inconscientes.

Um sentimento, então, é uma forma de percepção inconsciente baseada na matriz da vida emocional. A empatia, por sua vez, deriva do sentimento de qualidades emocionais no outro.

O analisando e o analista compartilham tanto ideias quanto emoções entrelaçadas na matriz da criação de sua própria rede pelo Par Freudiano. Isso constitui o campo inconsciente em que a análise se concretiza, e na maior parte do tempo ambos os participantes são guiados por seus estados emocionais em evolução. Tais estados mentais são, na verdade, organizações complexas inconscientes de problemas que preocupam o paciente e que, quando articulados por meio do método analítico, geram organizações emocionais em cada participante. Por que o analista é movido por uma imagem específica? Por que escolhe repetir uma palavra específica e não outra? Muitas vezes, será porque ele sente que tal detalhe é relevante, sem saber por quê.

Se a vida emocional de uma pessoa está bem desenvolvida, então ela tem a capacidade de sentir as impressões da vida. A empatia — a habilidade de se colocar na posição do outro — é algo que pode ser desenvolvido: aprende-se como experienciar a perspectiva do outro. A associação livre e a atenção flutuante permitem ao analista uma habilidade aguçada para sentir o analisando, sendo que tal habilidade é uma resultante do efeito educacional cumulativo da experiência emocional.

Podemos ver como uma condensação de ideias — uma parte importante da teoria do inconsciente de Freud — também se torna uma experiência afetiva densa, à medida que os vários afetos diferentes, evocados pelas ideias separadas, são trazidos para a relação. Quando as ideias são reunidas em uma unidade, como em um sonho, o desenrolar dessa compactação por meio da associação livre envolve, com frequência, uma experiência emocional — uma "experiência movente" que se origina na estrutura vivida da organização emocional.

Todas as pessoas experimentam afetos, e é difícil imaginar um ser humano que não tenha pelo menos alguma parcela de vida emocional. Mas algumas pessoas, em especial aquelas chamadas de "alexitímicas", são tão defensivas contra afetos que sua vida emocional é extremamente restrita: elas têm reduzida capacidade de sentir. A psicanálise desenvolve essa capacidade, que, por sua vez, é uma característica importante da habilidade de intuir. A intuição é uma inteligência sentimental: a qualidade que um indivíduo tem de discernir algo sobre o outro através do que hoje também é chamado de "inteligência emocional".

Se um dos intuitos de uma psicanálise é tornar o inconsciente consciente, então outro propósito — ou um benefício maravilhosamente inconsciente — é desenvolver capacidades inconscientes, desse modo (entre outros efeitos), desenvolvendo a intuição.

Pintores, romancistas, compositores e outros nas "artes criativas" há muito tempo estão interessados no método freudiano, especialmente na associação livre. As ideias de Freud com certeza influenciaram o dispositivo surrealista de imagens desconexas contíguas, que se ligam de alguma maneira inconsciente; e o romance em "fluxo de consciência" também brinca com o significado do pensamento sequencial. É provável, no entanto, que essas adoções formais de aspectos do método psicanalítico sejam metáforas de um sentido mais profundo de afinidade com a psicanálise como uma forma criativa. Não é tanto que escritores, pintores e músicos usem conscientemente o método freudiano em suas artes, mas que eles reconheçam a psicanálise como uma forma afim de criatividade.

As maneiras pelas quais a psicanálise desenvolve a própria mente, as maneiras pelas quais se torna uma nova forma de criatividade e seus efeitos colaterais na vida subsequente do analisando: tudo ainda está para ser devidamente reconhecido e compreendido.

Sonho materno e pensamento paterno

Freud atribuiu aos seus pacientes parte dos créditos por ajudá-lo a descobrir o método de associação livre. A associação livre emergiu onde a hipnose forçada preponderava, quando uma de suas pacientes aparentemente pediu-lhe que ficasse quieto um dia, para que ela pudesse apenas falar.

Não podemos nos despedir deste tópico sem considerar o que o método psicanalítico da associação livre realiza simplesmente por estar em operação. Encorajado a trazer um sonho para a sessão para ser relatado, o analisando se sente respaldado em mencionar algo da relação infantil — pois o sono é um retorno a posturas fetais e ao pensamento alucinatório do bebê — para a luz do dia. Alguns psicanalistas pensam no sonho como um traço do corpo da mãe, então, até certo ponto, incentivam o paciente a trazer sua relação com a mãe para o espaço analítico. Uma vez aí, o paciente é obrigado a relatar o sonho. Em certo sentido, portanto, uma faceta da lei do pai — descrita por Lacan como todas as obrigações determinadas pelo lugar de alguém na hierarquia patriarcal — está em ação. No entanto, o requisito é notavelmente espontâneo: basta dizer o que está na mente em associação ao sonho. O analista não interroga o paciente ou exige que dê sentido ao sonho. Em vez disso, ele se demora com o texto onírico, emprestando de sua forma e falando sem saber muito bem o que isso significa, como o sonhador dentro de seu próprio sonho. Mas à medida que o tempo passa e ele segue diferentes linhas de pensamento, a unidade onírica parece se desfazer e as associações levam o sonhador muito longe da experiência do sonho. Na verdade, esse processo parece ser uma espécie de viagem em direção a muitos significados coexistentes, alguns dos quais vão se tornando claros para o paciente. O sonho como um evento que poderia ter parecido autoexplicativo agora é uma lembrança vaga. Esse aspecto oracular do sonho — o oráculo materno que manteve o sonhador dentro dele, falou em seu ouvido, trouxe-lhe eventos visionários diante dos seus olhos — é deslocado pela vida mental deste próprio sonhador.

De forma comum, mas notável, a psicanálise une cada analisando com o mundo materno, mas une esse mundo com a ordem paterna; o paciente é solicitado a manter o processo de comunicação em andamento, mesmo estando consciente de se afastar do sonho. A psicanálise, assim, reintegra o paciente à mãe, mas integra a lei do pai ao encontro e separa o analisando da crença de que a mãe sabe tudo.

Existe um desprezo generalizado pela vida inconsciente na cultura moderna, em marcante contraste com o interesse geral em associações, jogos de palavras e eventos inconscientes na época de Freud. Os ataques à psicanálise são ataques maldisfarçados à própria vida inconsciente. Uma das realizações notáveis do Par Freudiano é tanto facilitar o retorno do analisando ao sonho (e às origens maternas) quanto fomentar um processo de separação e individuação inteiramente autenticado pelas próprias associações do paciente. A lógica das associações livres do analisando é o que o separa do desejo de permanecer dentro do oráculo materno ou de ser dependente das verdades interpretativas do analista-pai. Com o passar do tempo, essas associações instituem o próprio idioma de pensamento e fornecem a base sobre a qual o paciente pode apreciar o valor da criatividade inconsciente do *self*.

CAPÍTULO DOIS
Arquitetura e o inconsciente

De maneiras interessantes, o mundo da arquitetura — definido grosso modo aqui como a consideração deliberada do ambiente humano construído — e o mundo da psicanálise — em geral declarado como o lugar para o estudo da vida mental inconsciente — se cruzam. Um edifício deriva da imaginação humana, em alguma dialética amplamente influenciada por muitos fatores contribuintes: sua função declarada, sua relação com seu bairro, suas possibilidades funcionais, sua declaração artística ou de design, os desejos do cliente, a resposta pública esperada e muitos outros fatores que constituem sua estrutura psíquica. Mesmo que o edifício surja do idioma conhecido de seu arquiteto e seja claramente um Le Corbusier ou um Mies van der Rohe, ele ainda terá passado por muitas imaginações, influenciado por muitos fatores, a totalidade dos quais fará parte da direção inconsciente do projeto pelo arquiteto.

Sabemos que há uma vida inconsciente para cada *self*. Existe um inconsciente arquitetônico, ou seja, um tipo de pensamento que direciona a projeção de um edifício, influenciado por muitas demandas, mas encontrando sua própria visão a partir dos elementos constituintes?

Curiosamente, Freud tentou usar a imagem de uma cidade como metáfora do inconsciente. Em "O mal-estar na civilização", ele afirmou que "na vida mental nada que tenha sido formado pode perecer", e considerou que, se quiséssemos imaginar o inconsciente, poderíamos fazê-lo visualizando Roma de tal forma que pudéssemos ver todos os seus períodos — a *Roma Quadrata*, o *Septimontium*, o período da Muralha Serviana e as muitas Romas dos imperadores que se seguiram — ao mesmo tempo. "Onde agora está o Coliseu", escreveu ele, "poderíamos admirar, ao mesmo tempo, a Casa Dourada desaparecida de Nero".[1]

Freud abandonou sua metáfora porque, uma vez que os prédios são demolidos e substituídos ao longo do tempo, uma cidade não é um exemplo adequado para as preservações atemporais do *self* inconsciente. Talvez se tivesse sustentado a metáfora um pouco mais, sua dialética teria funcionado. Pois as obliterações são de fato parte da vida inconsciente — tanto que, dependendo de como se deseja olhar para a Roma da vida inconsciente, pode-se ver tanto o preservado quanto o destruído.

Para os arquitetos e as cidades ou clientes que os empregam, com certeza destruição e criação têm uma pro-

---

[1] Sigmund Freud, "Civilisation and its Discontents" [O mal-estar na civilização]. In: ___. *Standard Edition of the Complete Psychological Works of Sigmund Freud*, XXI. Londres: Hogarth Press, 1929. p. 70.

ximidade íntima uma com a outra. Na cidade interior, a maioria dos novos edifícios é desenvolvida depois da demolição da estrutura anterior, um corpo permanecendo onde antes outro ficava. Para aqueles que vivem por esses momentos, sempre haverá dois edifícios em mente: o obliterado e o existente.

Cidades fantasmas

Eu cresci na pequena cidade costeira de Laguna Beach, cerca de 72 quilômetros ao sul de Los Angeles. Apesar de ter um código de construção surpreendentemente coerente e vigilante, que torna difícil erigir novas estruturas, ao longo do tempo, é claro, os edifícios vêm e vão. Em algum momento no final da década de 1950, uma fila inteira de casas de madeira, com vista para a praia principal no centro da cidade, foi derrubada — revelando a areia e o mar aos motoristas que passam pela Highway 101. Sempre que penso nisso, posso visualizar facilmente essas cabanas à beira-mar bastante pitorescas, que abrigavam ocupantes tão notáveis como um estúdio fotográfico, um café, uma farmácia, uma loja de roupas típicas de praia, um quiosque de suco de laranja e coisas do tipo. Eu visito a cidade várias vezes por ano, e quando meus amigos e eu nos encontramos, ao darmos direções uns aos outros, muitas vezes nos referimos a lugares que não existem mais.

Cada cidade tem suas cidades fantasmas.

Embora os fantasmas sejam os habitantes de que a gente se recorda (e aqui penso no primeiro livreiro culto de nossa cidade, Jim Dilley, e sua gloriosa livraria, já há muito tempo desaparecida), claro, a presença deles é uma questão inteiramente de nossa própria vida inconsciente. Eu conheço esses lugares porque os visitei. Eu amava os hambúrgueres em Bensons; lembro dos banquinhos no balcão onde nos sentávamos e da maquinaria elegante alinhada na parede, como os produtores de malte. Então, a energia do fantasma é, naturalmente, minha própria energia: o fantasma como ocupante que sofreu um trauma e ainda não está preparado para deixar este mundo é, certamente, o meu *self*. Sofri o choque de perder esse lugar favorito e, até morrer, ele sempre estará em algum lugar na minha mente.

Em maior ou menor grau, isso é verdade para todos nós, especialmente quando mudamos de casa. Deixar uma casa, mesmo quando o conteúdo vai conosco, é perder os cantos e recantos de partes de nós mesmos, lugares de incubação para nossa imaginação. Nossa crença em fantasmas sempre será, pelo menos inconscientemente, autorizada pelo fato de que sempre permaneceremos em nossas casas antigas, assim como supomos que, ao nos mudarmos para uma nova moradia, seus antigos habitantes ainda estarão lá.

Os arquitetos mexem com essa realidade psíquica. Normalmente, a implacabilidade da demolição é permitida com sua nobreza estranhamente austera. Um trator (ou seu equivalente) chega, assistimos à estrutura ser derrubada em um período surpreendentemente curto, e a terra — pelo menos por um momento — recebe luz do sol outra vez. Às vezes, os arquitetos honram o que foi demolido, como Evans e Shalev fizeram na galeria Tate em St. Ives, na Cornualha. A nova galeria foi construída em um local ocupado por uma torre de gás; embora fosse bastante desagradável na época, ainda era o antigo ocupante, e agora é lembrado na forma arredondada do museu que o espelha.

Os demolidores

Quem dirige os demolidores?

Assim como as visitas temidas da Ceifadora na imaginação literária, os demolidores parecem ser a morte em nossas portas. Suas ações são irreversíveis. Uma vez que derrubam um prédio, este desaparece para sempre. Então, quando uma comunidade é avisada de que um setor será destruído e algo novo será construído em seu lugar, mesmo que o projeto seja promissor, sempre há um certo medo de testemunhar a eficiência desses demolidores. Claro, também é emocionante: assim como assistir a um incêndio ou uma enchente destruir um objeto, a visão dos demolidores traz algo da criança em nós que constrói castelos de areia e se delicia em destruí-los. Nesse lado da equação psíquica, há a libertação de nossos vínculos, e assim como a criança tem prazer em destruir suas criações — parte do significado do crescente prazer de deixar a arquitetura segura do mundo criado pela mãe e pelo pai para se virar sozinho —, o adulto que assiste à demolição tem seus vínculos extintos.

A demolição é sacrificial. Em pouco tempo, seremos erradicados desta nossa terra, removidos sem graça de nossos espaços, e nosso lugar será tomado pelo outro. Até esse dia, as remoções parecerão oferendas sacrificiais: pelo menos eu não vou com o que foi obliterado. Bem, não completamente. Uma parte de mim vai, uma parte sem a qual aparentemente posso viver. A destruição de um prédio de que gosto é emocionalmente dolorosa, mas levo comigo certas memórias da estrutura.

O trabalho do arquiteto, então, envolve importantes questões simbólicas de vida e morte. Demolir a estrutura existente para dar lugar a uma nova joga com nosso próprio sentido de existência limitada e prevê nosso fim. Dada essa questão psíquica, os edifícios parecem optar por uma das duas possíveis alternativas.

Em uma opção, eles podem se misturar por completo com seus arredores, como se negando que uma nova construção seja algo novo de fato, ou diferir ligeiramente de suas estruturas adjacentes, como uma extensão aparentemente lógica de uma progressão contínua no tempo arquitetônico.

Sinais do futuro

A segunda opção é uma partida radical do passado e do presente: declarar-se no futuro humano. Se escolherem essa opção, podemos pensar no Beaubourg de Richard Rogers e Renzo Piano ou no Bilbao de Frank Gehry — essas estruturas podem parecer mais do que simples edifícios, elas são testemunhos materiais de nossa visão de futuro. Enquanto tal, podemos nos identificar com elas. Como elas sobreviverão a nós e nos significarão no futuro, dando-nos um lugar no tempo histórico e na realidade existencial das gerações futuras, as quais, ao olharem para esses objetos, poderão pensar em nossa era.

No entanto, para se identificar com um edifício como testemunho de nossa inteligência lançada ao futuro, ele deve estar além de nossa visão imediata e ainda assim não tão distante no futuro a ponto de alienar o idioma imaginativo de nossa geração. Se um edifício for longe demais no futuro — como a Torre Eiffel pode ter feito em sua época —, as pessoas sentem um efeito reverso: o futuro invadiu o presente e menosprezou suas sensibilidades.

Uma construção é uma forma de prece. Através de nossas estruturas, rogamos para que nossas mentes e corações tenham sido bem guiados e que o tempo demonstre a concretude dessas estruturas. No entanto, a massa de um edifício — remontando aos zigurates dos sumérios, às pirâmides do Egito, aos templos da Grécia — incorpora a tensão entre os vivos e a morte. Tais estruturas nobres são, de uma forma ou de outra, destinadas a honrar os deuses que vivem na eternidade, bem como oferendas de nosso próprio ser limitado ao ilimitado. Edifícios estão sempre à beira do profano: como ousamos construir qualquer coisa para os deuses?

Trabalho morto

A estrutura monumental — a montanha construída pelos homens — é um dos grandes paradoxos da realização arquitetônica. O monumento é feito para sobreviver a gerações de homens; mas na sua construção muitas vidas serão perdidas. Alguns, como Gaudí, que trabalham suas vidas inteiras na construção de um monumento, nunca verão a sua conclusão.

Todos os monumentos, quer sejam intencionalmente destinados a isso ou não, são túmulos. Eles não apenas sombreiam as mortes dos trabalhadores e sobrevivem aos seus criadores; eles parecem ser, em sua massa, formas de morte entre os vivos.

Estaria a arquitetura, então, investida da dramática missão de trazer a morte para a vida humana? São esses monumentos casas de morte? A imensa implacabilidade da massa significa a destruição do orgânico pelas mãos do inorgânico?

Se assim for, então as estruturas monumentais são objetos extremamente ambíguos. A partir dos materiais da terra, criamos um símbolo de nossa morte, às vezes um túmulo mesmo — como com as pirâmides —, mas com maior frequência como um objeto funcional pretendido para os vivos, por exemplo, um grande templo, catedral ou prédio de escritórios. Se destinado aos vivos, o monumento é uma espécie de playground dentro de uma zona de morte, já que os vivos animam o mármore frio ou a massa de cimento, dia após dia durante suas vidas, antes de perecerem enquanto novas gerações percorrem o mesmo espaço. Os monumentos nos permitem mover dentro e fora do espaço da morte, o ser humano viajando no mundo da grande massa de pedra.

Assim como o sepulcro, procuramos colocar algum sinal de nossas vidas no monumento, seja na forma de ornamento — com a intenção de ser um sinal de vida inscrito no objeto da morte — ou, como na nomenclatura grega, dando aos elementos da construção nomes referentes ao corpo humano, como a cabeça de uma coluna ou a garganta de uma chaminé. Como uma encarnação do real — compreendido aqui como a expressão material da morte que escapa ao nosso conhecimento último —, o monumento permite nossas assinaturas? Ele expressa a frivolidade humana? A imaginação do arquiteto zomba levemente de sua massa imponente, como o edifício AT&T (Sony) de Philip Johnson em Nova York? Ou, como com o Palácio dos Sovietes proposto por Stalin e a arquitetura de Mussolini, não mostra nenhum sinal de ironia, nenhuma dimensão humana revelada em sua imensidão?

Monumentos e estruturas vívidas são objetos evocativos. "Um ambiente distinto e legível não apenas oferece segurança, mas também aumenta a profundidade e intensidade potencial da experiência humana", escreve Kevin Lynch.[2] Objetos possuem graus de "imagenabilidade", ele afirma, e certas cidades têm um grau maior de "imagenabilidade" do que outras. Se os monumentos são formas de morte na vida, então eles atuam em ambos os lados da luta entre a vida e a morte, pois também são percebidos como lugares de segurança. Durante diferentes eras das dinastias egípcias, as pessoas se refugiavam nas cidades-templo muradas e bem poderiam ter se juntado aos comerciantes e pessoas de posição que ocupavam moradias próximas ao lugar sagrado. Talvez, como um sujeito chamado Panemerit, elas tenham construído sua casa "no primeiro pátio do templo encostado ao pilone, para que suas estátuas pudessem derivar virtude dos ritos sagrados".[3]

Panemerit pode ter acreditado que era mais sagrado porque morava perto de um lugar sagrado; talvez esperasse que a jornada pós-morte lhe fosse favorável. O que isso significava para ele era, inevitavelmente, uma experiência emocional, talvez com várias camadas de significados interconectados. Aqueles que vivem perto do La Scala, do Empire State Building ou da Golden Gate Bridge experimentam o que Minkowski chamou de "reverberação" do objeto. À medida que objetos específicos são construídos e refletimos sobre eles, "nos perguntamos como essa forma ganha vida e se enche de vida... descobrimos uma nova categoria dinâmica e vital, uma nova propriedade do

---

2 Kevin Lynch, *The Image of the City*. Cambridge: MIT Press, 1960 (1996), p. 5.
3 Pierre Montet, *Everyday Life in Egypt in the Days of Harnesses the Great*. Filadélfia: University of Pennsylvania Press, 1958 (1981), p. 18.

universo: a reverberação".⁴ La Scala pode ser o espírito da grande música operística, o Empire State, da virilidade corporativa, a Golden Gate, da transposição das águas.

Alguns antropólogos acreditam que os zigurates eram memórias de montanhas deixadas pelos sumérios que migraram de uma região mais montanhosa para os deltas do Tigre e do Eufrates, ou simplesmente devoções à montanha como um objeto nobre da natureza.⁵ Hersey acredita que os templos gregos podem derivar de árvores sagradas. Ele aponta quantos objetos humanos e ambientais diferentes são incluídos pelos nomes em edifícios gregos.⁶ Lynch argumenta que paisagens vívidas são "o esqueleto sobre o qual muitas raças primitivas erigiam seus mitos socialmente importantes",⁷ incorporando os objetos marcantes do ambiente em suas visões culturais. Bachelard reflete que através da reverberação "sentimos um poder poético que surge ingenuamente dentro de nós. Após a reverberação original, somos capazes de experienciar ressonâncias, repercussões sentimentais, recordações do nosso passado".⁸

---

4 Gaston Bachelard, *The Poetics of Space* [A poética do espaço]. Boston: Beacon Books, 1958 (1994), p. 16.
5 Harriet Crawford, *Sumer and the Sumerians*. Cambridge: Cambridge University Press, 1991.
6 George Hersey, *The Lost Meaning of Classical Architecture*. Cambridge: MIT Press, 1988 (1995).
7 Kevin Lynch, op. cit., p. 5.
8 Gaston Bachelard, op. cit., p. 23.

Nossos mundos

Grandes montanhas, grandes rios, o mar, a pradaria, a selva e edifícios notáveis estão gravados em nossa mente como estruturas psíquicas; cada um parece possuir seu próprio pequeno universo de emoção e significado. Cada criança das escolas venezianas aprende a desenhar um mapa de como ir de casa para a escola, já que na cidade de Veneza é bastante fácil de se perder. Esses mapas mostram como edifícios notáveis são importantes pontos de referência para o nosso senso básico de orientação. Para alguns, a praça São Marcos seria um sinal duradouro da função orientadora do mundo dos objetos, que é essencial para a sobrevivência humana, assim como a visão do farol durante a neblina ou a presença duradoura do parlamento nacional durante um tempo de guerra, e assim por diante.

Em sua obra notável *A poética do espaço*, Gaston Bachelard clama por uma "topoanálise", que seria "o estudo psicológico sistemático dos locais de nossas vidas íntimas".[9] Há, por exemplo, uma "trans-subjetividade da imagem", de forma que aqueles de nós situados ao lado de locais proeminentes compartilham a imagem, embora, é claro, cada um de nós a represente de maneira distinta. Em sua análise comparativa de Boston, Jersey City e Los Angeles, Lynch constatou como é importante para os cidadãos ter objetos legíveis com alta imagenabilidade. As pessoas em Boston, por exemplo, contrastavam edifícios com base na diferença de idade, enquanto as pessoas em Los Angeles ti-

---

9 Ibid., p. 8.

nham a impressão de que "a fluidez do ambiente e a ausência de elementos físicos que ancoram o passado são emocionantes e perturbadores."[10] Os habitantes de Jersey City, uma cidade industrial sem cor perto de Nova York, sofriam com "a evidente baixa imagenabilidade deste ambiente", já que tinham dificuldade em descrever as partes diferentes da cidade, sentiam uma insatisfação geral morando lá e vivenciavam uma orientação precária.[11] Morar em uma cidade, portanto, é ocupar uma mentalidade. Estar em Los Angeles é bastante diferente de estar em Boston.

Como uma topoanálise desconstruiria a mentalidade de uma cidade? Seria difícil argumentar que uma cidade reflete uma visão singular e unificada. A existência de muitos interesses concorrentes e perspectivas diversas gera estruturas diferentes. O que impulsionaria tal mentalidade? O que a sustentaria?

Winnicott argumentou que cada mãe fornece ao seu bebê um ambiente. No começo, é um "ambiente acolhedor", pois somos literalmente abraçados e movidos pelo *self* da mãe e seus objetos designados (um andador, um carrinho de brinquedo ou um berço, por exemplo). Esse ambiente acolhedor sustenta algo de nossas primeiras percepções de sermos acolhidos, já que passamos nossos primeiros nove meses como ocupantes do útero. Em seu ensaio "Muros de Berlim", Winnicott considera o conceito mais amplo de provisão ambiental e seu efeito sobre o desenvolvimento das pessoas: "Os processos maturacionais herdados no indivíduo são potenciais e precisam de um

---

[10] Kevin Lynch, op. cit., p. 45.
[11] Ibid., p. 42.

ambiente facilitador, de um certo tipo e grau, para sua viabilização".[12] Boston, Los Angeles e Jersey City são ambientes facilitadores, pois direcionam seus ocupantes de maneiras diferentes. Uma das tarefas da mãe, argumentou Winnicott, era apresentar objetos ao seu bebê. Isso era algo como uma arte, pois se ela forçasse um novo objeto sobre o bebê, este com certeza se afastaria; mas se permitisse um "período de hesitação", durante o qual ele se afastaria talvez por falta de interesse, logo voltaria com maior interesse e desejo em relação ao novo objeto. Nesse sentido, as cidades apresentam continuamente novos objetos a seus habitantes — e a fase de planejamento, quando as propostas são divulgadas na imprensa, pode constituir um importante elemento psíquico na relação da população com o novo.

Inúmeros planos para celebrar a virada do milênio foram propostos no Reino Unido, evocando quase que uma oposição universal. Em parte, isso ocorreu porque qualquer suposto gasto público em uma aventura frívola seria censurável. A escolha final do local — uma desagradável área pós-industrial na península de Greenwich — foi como colocar uma Jersey City de Londres na mente dos londrinos. Era necessário que o tempo passasse antes que a ideia em si pudesse se tornar aceitável. É mais do que interessante que o objeto gigantesco escolhido pelos britânicos como peça central do Domo do Milênio fosse, inicialmente, o corpo de uma mulher ao lado de seu filho, para que filas de visitantes pudessem ter uma mostra da Grã-Bretanha escalando uma mulher. Finalmente, decidiu-se criar duas

---

[12] Donald Winnicott, "Berlin Walls" [Muros de Berlim]. In: ___. *Home is Where We Start From*. Londres: W.W. Norton, 1969 (1986), p. 221.

figuras anódinas, uma dessensualização dos corpos que ainda indicava que se estava entrando em duas formas humanas: uma grande, a outra pequena.

Ao contrário da Estátua da Liberdade, em que se podia subir (pelo menos até o seu fechamento depois do Onze de Setembro) para ver se era possível chegar ao topo — um objeto bastante fálico, sugerindo uma conclusão igualmente fálica para a exploração interior —, a mulher do Domo do Milênio deveria ficar reclinada, com as mãos estendidas atrás de si, enquanto a população entrava quase no lugar onde o útero estaria para contemplar exposições dos órgãos internos do corpo.

A cidade viva

A estrutura do Domo do Milênio, novamente um projeto de Richard Rogers, era simplesmente outra expressão da mentalidade britânica realizada por meio do trabalho de arquitetura. Tomando a visão de Winnicott de que um ambiente acolhedor é um ato de inteligência psíquica, então uma cidade é uma forma de vida que acolhe sua população. A mentalidade é o idioma do acolhimento, refletindo a cultura muito particular do lugar. Nenhuma visão dela se torna sua totalidade; em épocas em que os homens tentaram impor uma visão totalitária de uma cidade, ela denudou sua população. Parte do erro desse pensamento, parece-me, é a visão de que apenas a consciência pode formar uma cidade. As cidades são processos inconscientes. Há tantas funções concorrentes, estéticas, interesses locais e econômicos, com cada elemento influenciando o outro, que uma cidade se assemelha mais ao caos aparente da mente inconsciente. Na verdade, uma cidade apresenta semelhança bastante notável com qualquer *self* e seus interesses biológicos, sexuais, históricos, espirituais, vocacionais, familiares e econômicos, todos os quais se entrelaçam em alguma espécie de forma em movimento, a qual dá origem a um tipo de visão organizadora ou mentalidade. Psicanalistas que interagem com uma pessoa por tempo suficiente acessam uma cultura muito particular, não tão diferente de se mudar para uma cidade e conhecer suas peculiaridades: suas preferências estéticas, suas aversões, seus obstáculos superados, suas terras devolutas, sua divisão de interesses e seus conflitos de longa data.

A construção de estruturas evocativas dá origem a associações intensas na população. Por exemplo, quando o Museu Getty foi inaugurado em Los Angeles, ele foi alvo de uma reação crítica amplamente difundida. Quando se dirige ao norte, na Interestadual 405 em direção a West Los Angeles, vê-se na encosta da colina um objeto cultural evocativo, que "fala" conosco por meio de nossas associações. Antes de sua abertura, o Getty era apenas um novo edifício bastante impressionante; mas agora faz parte do que significa ser Los Angeles. Essas elaborações, no entanto, em algum momento irão diminuir, e, como o Museu Metropolitano de Arte em Nova York ou qualquer outro museu imponente, tais impactos disruptivos sobre os habitantes de sua época serão perdidos para as gerações futuras, que irão submetê-los a suas próprias sensibilidades. Na verdade, enquanto caminhamos ou dirigimos pelas nossas cidades, sabemos relativamente pouco — se é que sabemos algo — sobre a grande maioria das estruturas. Uma vez evocativas, pelo menos para os habitantes locais afetados por sua chegada, elas agora são como obeliscos silenciosos que exigiriam um trabalho histórico e decodificação consideráveis para ressuscitar suas vozes.

Então estamos de volta à morte mais uma vez. Nossas cidades contêm centenas, se não milhares de edifícios que, uma vez vivos como objetos evocativos e parte da cultura do lugar, agora são cemiteriais. Em nossa consideração da vida inconsciente de uma cidade, devemos lidar, portanto, com uma certa presença muda, uma voz silenciada, que talvez seja evidência no cotidiano do morrer da voz do construído. Sabemos, é certo, que até mesmo edifícios simples têm histórias. Esses túmulos dos cidadãos desconhecidos ainda são parte de nossa vida, da vivência cotidiana. O silêncio dos edifícios é uma presença premonitória do nosso próprio fim, parte inevitável da nossa vida. Poderíamos, se quiséssemos, colocar placas em cada prédio, dando a data de conclusão, o nome do arquiteto, uma lista dos trabalhadores e talvez uma seleção de reações locais publicadas nos jornais ou anotações orais. Mas, na maioria das vezes, escolhemos não fazer isso. Até mesmo os arquitetos que constroem grandes estruturas geralmente são esquecidos, a menos que, como Eiffel, seu nome — para o bem ou para o mal — esteja identificado com o objeto.

Lembrar um nome é um evento curiosamente conflitante. A maioria das pessoas gosta de passear em uma floresta ou contemplar flores silvestres, mas quantas pessoas podem identificar mais de dez árvores? Nós comemos uma boa quantidade de peixes, mas quantos sabem qual é a aparência de um bacalhau, um linguado ou um tamboril? A teoria da repressão de Freud sugere que se sabemos o nome de um objeto, isso gera uma rede maior de significado pessoal, já que os nomes distinguem objetos e interagem de forma bastante inteligente com outros nomes, nas experiências psíquicas em movimento da vida cotidiana. A palavra "carvalho", por exemplo, designa uma árvore única, mas também contém a sílaba "carva"[13] dentro dela, e poderia sugerir "alho" e seus significados. Se conhecêssemos todos os nomes das diferentes árvores na floresta, então, à medida que víssemos uma bétula, um loureiro, um corniso, um bordo ou as infinitas outras árvores, também estaríamos em uma sinfonia de fonemas que estaria tocando junto com a ordem visual. Se conhecêssemos os nomes de nossos prédios, os anos em que foram concluídos e os nomes de seus arquitetos, também criaríamos um universo pessoal mais amplo e denso de significado.

Por que não fazemos isso?

Formas inominadas

O problema não pode ser meramente intelectual ou cognitivo. Temos muito menos dificuldade em aprender uma língua estrangeira ou os personagens de romances do que em lembrar os nomes de árvores, plantas ou peixes — ainda que esses objetos sejam mais imediatamente parte

---

[13] No original o autor usa a palavra "oak" ["carvalho"] e destaca os fonemas "oh" e a possível derivação/associação sonora "yoke" [jugo]. Aqui optamos por usar "carvalho" e destacar as sílabas "carva" (que quase forma "carvão", algo certamente relativo à árvore) e "alho", também facilmente dedutível sonoramente desta palavra. [N. T.]

de nossa vida cotidiana do que Emma Bovary ou a frase em francês correspondente a "Por favor, indique-me o escritório de turismo mais próximo".

À primeira vista, pareceria que temos uma certa falta de interesse por árvores, plantas, peixes ou nossos prédios. Será que eles têm tão pouca relevância para nós? Parece que este não é o caso. Então, por que ficamos mudos quando se trata de nomear esses objetos visuais? Talvez a resposta esteja no significado inconsciente de contemplar uma forma que valorizamos. Imagine por um momento que realmente gostamos de árvores, que flores e plantas são muito importantes e que certas estruturas construídas, sobre as quais nada sabemos, são verdadeiramente significativas para nós. Elas fazem parte da nossa vida visual. Talvez devam permanecer nessa ordem de percepção e imaginação, como objetos fundamentalmente visuais e silenciosos.

Lembro de dirigir pelos estados das planícies da América do Norte, onde até hoje se pode viajar por horas sem ver outro carro. Inúmeros romancistas e poetas americanos têm comparado a grama alta a um vasto mar, à medida que se move na brisa como ondas do oceano em um plano sem modificações por colinas. O céu e a pradaria parecem se encontrar em uma vasta tela contínua. De vez em quando, você verá uma árvore. Como elas podem estar a quilômetros de distância, uma única árvore se destaca em toda a sua beleza formal como a essência da árvore. Uma casa de fazenda, separada visualmente de outras casas de fazenda, pode ser vista a quilômetros e, à medida que você se aproxima, ela parece incorporar a essência de uma casa. Um raio no horizonte, uma nuvem passando pelo céu, um bando de pássaros, um campo de girassóis, um trator: todos esses objetos se destacam em singularidade extrema contra o silêncio do fundo. Cada objeto parece ser o espírito de seus irmãos, uma árvore representando a existência de todas as árvores, uma casa representando a presença de todas as casas. É como se contemplássemos a pureza de uma forma.

Talvez escolhamos ignorar a nomeação de objetos porque somos mais movidos pela sua forma. Até que saibamos o nome preciso, só conhecemos o nome genérico, e isso pode ser um compromisso entre o mundo natural e o ambiente construído. Talvez prefiramos caminhar apenas entre as árvores, as plantas ou nossas ruas para comungar com a forma em si. Quando examinamos essas formas e damos a elas seus nomes, usamos o nome de quem? Os nomes derivam da forma em si? Claro que não. Os nomes derivam da ordem patriarcal que nomeia arbitrariamente os objetos. Então, desafiar o conhecimento dos nomes pode muito bem ser declinar a secularização dos objetos que acreditamos ter grande influência espiritual.

Edifícios e estruturas que se tornam sem nome, que simplesmente se fundem na matriz de uma cidade, podem satisfazer nossa necessidade de formas inominadas, como objetos puros não maculados pelo conhecimento. Escolhemos viver na ordem visual, não verbal. Escolhemos, portanto, viver parte de nossa vida na ordem materna — aquele registro de percepção guiado pelo imaginário materno — em vez da ordem paterna, que nomeia objetos e os possui na linguagem. E parte de nossa caminhada neste mundo visual — que deve permanecer inominada — é vagar, então, no mundo pré-verbal: organizado em torno de visões, sons, cheiros e afinidades. Este é um mundo nosso que, em muitos aspectos, já passou. A vida de alguém dentro da mãe e depois ao seu lado, antes de saber sobre obrigações e fala, desvanece e desaparece com a idade. Assim como os prédios silenciosos e sem nome, a ordem materna se perde na maturidade cotidiana do *self* linguisticamente articulado.

Se precisamos saber os nomes das ruas e os nomes e localizações de muitos edifícios públicos diferentes — desde o departamento de licenciamento veicular até a casa de ópera, da Receita Federal até a agência dos correios, da bilheteria à melhor livraria —, também podemos precisar caminhar entre muitos edifícios inominados.

Nossos caminhos

"Cada cidadão tem longas associações com alguma parte de sua cidade", escreve Lynch, "e sua imagem está impregnada de memórias e significados".[14] Ao caminhar ou viajar pela nossa cidade, selecionamos várias rotas, cada uma das quais tem efeitos evocativos diferentes. "Que objeto dinâmico e bonito é um caminho", escreve Bachelard —[15] visto que aqueles trajetos que escolhemos estão revestidos por objetos que influenciam nossa mente. Embora certas rotas sejam determinadas pela mentalidade da cidade (de modo que ao pegar a estrada para o aeroporto, ou a única estrada para a balsa, somos guiados pelas inteligências da forma daqueles que planejaram e executaram as rotas), elegemos nossos próprios caminhos ao longo de nossa

---

14 Kevin Lynch, op. cit., p. 1.
15 Gaston Bachelard, op. cit., p. 11.

vida. Durante um ano vivido na cidade de Nova York, tive uma ampla escolha de rotas de minha casa na rua West 94 até meu escritório na rua 65. Eu tinha que atravessar o Central Park, que oferece inúmeros percursos. Embora tenha trilhado trajetos distintos quando me cansava de minha rota favorita, gostava de um caminho em particular. Caminhava pela Central Park West até a rua 81, que me dava uma longa vista do lado oeste e das famílias saindo dos elegantes prédios de apartamentos para as ruas. Entrava no parque e andava entre o Great Lawn e o Turtle Pond — o primeiro sendo a localização dos campos de beisebol, e o segundo, um lago cheio de patos e tartarugas. Então, eu seguia através de um túnel e ao longo da borda do Museu Metropolitano de Arte, ou atravessava uma rua para Cherry Hill, antes de retomar meu caminho a partir da rua 72 com a Quinta até chegar ao meu destino.

Cada trecho dessa jornada é bem conhecido por mim. Cada unidade tem sua própria "integridade estrutural", isto é, seu caráter particular. Mas é claro que o que evocaram em mim seria diferente do que evocariam em outra pessoa. Embora tenha gostado de ficar perdido em pensamentos durante essa caminhada, certamente fui inspirado pelas implicações sequenciais de cada forma integral. Como sugere o poema de Blake, neste mundo somos sempre "viajantes mentais", e os caminhos que escolhemos em nossas vidas — mesmo aquele pelo qual vamos para o trabalho — são partes vitais da expressão do nosso próprio idioma pessoal.

Cada cidade, então, tem sua própria "integridade estrutural" (a realização material de formas imaginadas) através da qual viajamos. As cidades desenvolvem suas próprias relações interespaciais à medida que as vias se cruzam, os parques são dispostos, as ruas principais são desviadas das áreas residenciais, os parques industriais são segregados dos centros de arte, e assim por diante. Se a espacialização fosse o desenvolvimento inconsciente do espaço, de acordo com a evolução de qualquer cidade, então as relações interespaciais definiriam a psicologia desses espaços, como se relacionam uns com os outros, e como convidam o cidadão a mover-se através das fronteiras e para novos "nódulos" que definem áreas. Movendo-se nessa organização inconsciente de locais e suas funções estaria o indivíduo, que elege caminhos favoritos e que, de maneira bastante idiossincrática, considera certos locais mais evocativos do que outros. Isso se dá com mais clareza quando alguém é criado em uma determinada localidade, de modo que os objetos experienciados durante a infância conterão partes da experiência do *self* que terão sido projetadas nos objetos como contêineres mnêmicos de experiência vivida. Mas com o tempo qualquer indivíduo encontrará uma nova área mais interessante em alguns aspectos e menos interessante em outros, enquanto gravita certos objetos que se tornam pontos de devaneio pessoal.

Caminhada e evocação

Ao caminhar entre o Great Lawn e o Turtle Pond, estou entre duas estruturas distintas (de um lado, um gramado verde do Kentucky com campos de beisebol aqui e ali, e do outro, um grande lago com um penhasco de pedra em uma lateral e um brejo com gramíneas na outra) que servem a visões públicas (o campo para lazer humano, o lago para observação da vida natural), mas cada estrutura evoca associações peculiares à minha vida.

Vamos examinar o Great Lawn. Na qualidade de uma estrutura em si, com sua própria integridade, há uma beleza simples em um campo de beisebol. A forma de diamante do "campo interno" é terra, enquanto o "campo externo" é grama. Em um campo de beisebol bem-cuidado, o contraste entre a grama e a terra é belo. Como um espaço puramente vazio — minimalista, já que exclui os jogadores —, é como uma interpretação familiar, embora variada, de um espaço potencial. Quando os jogadores ocupam o campo, geralmente em trajes brilhantemente diferentes, um campo de beisebol é como uma pintura de Paul Klee — especialmente se considerarmos a sobreposição das equipes que ocupam o espaço. Cada equipe tem nove participantes que, mesmo assumindo posições definidas, saem do lugar — criando linhas de movimento contra o contorno terra/verde do campo —, tornando-se uma forma figurativa de expressionismo abstrato: as figuras que se movem criam a abstração que dá ao jogo sua poesia visual.

O Great Lawn, considerado não como um objeto integral, mas como um objeto evocativo — algo que inspira partes idiossincráticas de mim que foram projetadas nesse espaço durante o curso da minha vida —, mantém essa parte de mim que quase jogou beisebol profissionalmente na minha juventude. Dependendo do meu estado de espírito, a cada dia a visão do Great Lawn pode inspirar diferentes tipos de memória: recordação real, um tipo de humor, um desejo de praticar o esporte.

Mas do meu outro lado está o Turtle Pond, que, mesmo sendo evidentemente um objeto integral — algo com sua própria integridade estrutural não alterada pela projeção humana —, também é um objeto evocativo. Ele não me traz à mente o meu *self* jovem, mas sim o início dos meus quarenta anos, quando morei por dois anos no campo do oeste de Massachusetts. Ainda que evocasse o espírito lacustre e certas recordações dos lagos do oeste de Massachusetts, ele também evocava lembranças do meu local de trabalho, dos interesses da minha família e de questões pessoais bastante específicas decorrentes daquela época da minha vida.

Sem pensar muito sobre isso, quando atravessamos uma cidade — ou andamos pelo nosso bairro —, estamos envolvidos em um tipo de sonho. Cada olhar que cai sobre um objeto de interesse pode render um momento de devaneio — quando pensamos em algo diferente, inspirados pelo ponto de contato emocional —, e durante o nosso dia teremos dezenas desses devaneios, que Freud chamou de intensidades psíquicas e que ele acreditava serem os estímulos para o sonho daquela noite. Mas como um tipo de sonho por si só, os devaneios criados por objetos evocativos constituem um aspecto valioso de nossas vidas psíquicas.

As pessoas que não gostam da área onde vivem estão em um estado lastimável de desordem psíquica, pois são privadas da necessidade vital de devaneios pessoais. Cada pessoa precisa nutrir-se de objetos evocativos, o chamado "alimento para o pensamento", que estimulam os interesses psíquicos do *self* e elaboram seu desejo por meio do engajamento com o mundo dos objetos. De fato, embora esse movimento seja muito denso para ser interpretado, cada indivíduo sente algo de seu próprio idioma único de ser à medida que se move livremente pelo espaço. Não saberemos qual é esse idioma, mas sentiremos que estamos nos movendo de acordo com nossa própria inteligência concreta da forma, que molda nossas vidas por meio de nossa seleção de objetos.

Minha caminhada pelo Central Park não está disponível para uma simples interpretação psicanalítica (ou qualquer outra), mas o movimento das ruminações inspiradas é estimulante e faz parte da sensação de que a vida é para ser vivida, e não apenas para o pensamento reclinado ou para a produtividade vocacional.

Essa perspectiva não é perdida para os arquitetos, que certamente conhecem o potencial evocativo de qualquer um de seus prédios, mesmo que o idioma preciso do devaneio resultante nos cidadãos seja, é evidente, em grande parte desconhecido. Não obstante se possa dizer que novas cidades tenham planejado lugares óbvios para o devaneio — parques e similares —, a evocatividade dos objetos não pode ser traçada em uma jornada psíquica, mesmo que o layout da Disneyland, na Califórnia (sem direções, apenas o próximo reino da vida fantástica), tente provar a exceção.

No entanto, sabemos que estruturas vívidas encontram seu caminho em nossos sonhos à noite, e é aqui — no mundo dos sonhos — que as visões do arquiteto e os sonhos do cidadão encontram uma curiosa coerência.

Para o sonho

Da mesma maneira que os atenienses com certeza tinham o Partenon em seus sonhos, nós também transferimos estruturas vívidas para os nossos; o inconsciente que opera no mundo material do construído e o inconsciente que organiza cada *self* se encontram. Arquitetos visionários tencionam que suas estruturas sugiram sonhos para seus habitantes, mas eu sustento que todo o tempo sabemos que estruturas vívidas entram em nossos sonhos e afetam nossa vida onírica. Na verdade, podemos dizer que assim como a perspectiva na arte foi alcançada por meio dos efeitos arquitetônicos nas construções renascentistas (a extraordinária influência de Brunelleschi), nossa vida onírica é influenciada pelas perspectivas alcançadas na imaginação arquitetônica. É melhor eu dar um exemplo. Vou relatar um sonho meu:

> Estou caminhando por uma rua inclinada em Laguna Beach que leva a Victoria Beach. Estou com minha esposa, meu pai e minha mãe, meu irmão mais novo e meu filho, e todos estamos com vontade de passar o tempo na praia. Eu olho para a direita e, para minha surpresa, vejo o reflexo de uma onda quebrando sobre um penhasco alto que é cercado por árvores altas. A onda é de um verde brilhante e translúcido, de modo que ela não chega a encobrir a visão do penhasco e das árvores. Acima da onda está um céu azul brilhante, e o efeito geral é visualmente surpreendente. Aponto isso para minha família e todos ficamos impressionados e encantados, e seguimos em direção à praia com ainda mais entusiasmo. Embora o evento seja visto como marcante, não é compreendido como incomum. Na cena seguinte, estamos tomando banho na água, em ondas realmente grandes. Vejo meu pai, com os braços cruzados, flutuando na água branca até a costa, sendo carregado e obviamente se divertindo. Na última cena, estou deixando minha família em nosso restaurante

ao ar livre favorito, perto da Main Beach (cerca de 3,5 km de Victoria Beach), para dar um pulo na livraria Dilley's. O clima do sonho é de bem-estar.

Certos fatos ajudam a iluminar parte do sonho, que não submeto à associação ou à interpretação analítica, mas uso para ilustrar um ponto específico. O sonho ocorreu mais ou menos um ano depois da morte de meu pai; suas cinzas foram espalhadas no mar de Laguna Beach. Victoria Beach era o lugar onde nos reuníamos como família, até os meus catorze anos. Até cerca dos dez anos, meu pai não me permitia ir para as ondas grandes, em vez disso eu tinha que brincar na água branca, de fato, da mesma maneira que meu pai fez no sonho.

Em um antigo restaurante do Surf and Sand Hotel (mais ou menos a meio caminho entre Victoria Beach e Main Beach), havia um espelho no teto. Caso se sentasse em uma mesa com vista para o mar, você também poderia olhar para cima e ver as ondas se movendo pelo teto, o que era um efeito visual incomum e agradável. Acredito que incorporei essa inovação de design ao meu sonho, ao ver a onda refletida quebrando na colina. Mas o objeto e sua origem de design — um espelho — parecem também fazer parte do sonho, já que meu pai reflete a maneira como eu nadava quando criança. Apenas agora, no entanto, ele se foi — disperso no mar —, e embora eu possa ser o chefe da família (vitorioso, no sentido edipiano, como o nome da praia), meu filho também está presente na viagem ao mar, e assim, de certa forma, meu próprio fim também está à vista.

O restaurante do sonho não existe mais, e nem a livraria Dilley's, exceto em meu sonho, ou no mundo da literatura. Ir à livraria que não existe mais pode muito bem ter sido uma premonição, no sonho, da tarefa de escrever este ensaio, que, não incidentalmente, agora está escrito e faz parte de uma literatura de certa forma.

Depois do sonho, por alguns dias, fiz a mim mesmo uma pergunta que já me havia ocorrido após sonhos memoráveis anteriores. Qual é a função de tal beleza vívida? Por que o inconsciente se incomoda em construir esse cenário?

Talvez porque sonhos genuinamente profundos são destinados a serem memoráveis, a serem comemorados para sempre através de um alto grau de imagenabilidade. Talvez estejamos destinados a passá-los de uma geração para a próxima. E quiçá a parte de nós que constrói um sonho inesquecível — ao lado daqueles que são mais singelos — venha da mesma parte que busca construir estruturas inesquecíveis.

A arquitetura visionária é um sonho?

Edifícios: entre a vida e a morte

Será que pretendemos que estruturas monumentais sejam objetos de nossos sonhos e se estendam neles e naqueles das gerações futuras? Todavia, se eles significam morte na terra, a massa inerte e imóvel do silêncio, por que deveriam ser vívidos? Não desejaríamos que a morte fosse tão marginal e tão discreta quanto possível, pelo maior tempo possível? O arranjo insólito realizado pelo monumento é que ele sinaliza tanto a vida quanto a morte. Enquanto dormimos, todos mergulhamos na escuridão, talvez para nunca mais voltar. Sonhar é levar uma amostra da experiência vivida conosco, de fato, carregar conosco toda a nossa história para a escuridão. Se sobrevivermos para vivenciar outro dia, tanto melhor. Mas nossos objetos oníricos, os móveis da vida, podem ser os últimos artigos que vemos antes que tudo fique completa e irreversivelmente escuro. Um monumento que carrega a morte em sua estrutura — suposta conquista irônica do inorgânico sobre o orgânico, da criação sobre o criador — pode transcender sua finitude com uma sugestividade evocativa. Em outras palavras, ele se destina a estimular a imaginação enquanto caminhamos nas sombras da morte.

Uma cidade em particular parece ter compreendido a estranha ambiguidade do monumento como intercurso entre a vida e a morte. Quando o sol se põe e a escuridão desce no deserto de Nevada, a cidade de Las Vegas ganha vida como uma iluminação extraordinária da fantasia humana, capitalizando em todos os aspectos a natureza desejosa do evento onírico. Durante o dia, os prédios de Las Vegas parecem praticamente mortos e desinteressantes, sendo um motivo a mais para que seus visitantes durmam no período diurno (talvez mantendo a cidade da noite viva no sonho), enquanto esperam pelo momento de acordar e entrar outra vez na visão noturna. Em Las Vegas, vive-se em meio a um tipo de sonho controlado, que nas últimas duas décadas ampliou o escopo de seus móveis oníricos para incluir as cidades de Nova York, Veneza e Paris e as pirâmides do Egito. Talvez o mundo esteja sonhando através dessa estrutura arquitetônica, como se os planejadores de Las Vegas, tendo astutamente estendido a função evocativa do design para influenciar a vida onírica dos cidadãos, tivessem descoberto um lugar onde o design e o sonho podem se encontrar no meio da noite, para o ganho e a perda de ambos os participantes.

Arquitetos, às vezes, brincam com a ideia de atender ao desejo do *self* pela outra função do objeto integral (a de evocação). Na encosta de uma colina que vai da vila de Hampstead a Golders Green, no norte de Londres, encontra-se uma conhecida escola progressista inglesa. Os prédios da Escola King Alfred (EKA) cercam um campo de jogo grande e irregular, mas ligeiramente circular e um tanto desnivelado. Desde as pequenas estruturas térreas à esquerda, quando se entra na escola, onde as crianças mais novas residem, movendo-se no sentido horário ao redor do campo, outras estruturas abrigam as crianças conforme crescem. A Escola Primária tem várias novas construções dos últimos anos que chamam a atenção dos futuros pais visitantes como sinais de modernidade e de bom financiamento. Ao meio-dia, há estruturas semelhantes a fortalezas de madeira para os mais aventureiros, às treze horas, quadras de tênis e o ginásio, às catorze horas, um prédio retangular construído na década de 1980, às 14h45, uma espécie de espaço pagão chamado Squirrel Hall, rodeado por um gigantesco castanheiro onde os adolescentes mais velhos e experientes se reúnem, e às quinze horas fica o Prédio Azul.[16] É uma nova construção que se eleva sobre um antigo prédio temporário sobre palafitas, de modo que um dia, quando a escola puder pagar para remover o antigo prédio, as palafitas atuarão como a nova pele do que seria então uma nova estrutura.

---

[16] Marcus Field, "Classroom on stilts puts new life into an old prefab". *The Architects' Journal*, Londres, v. 3, p. 23, 1995.

Futuros pais e membros da escola veem o espírito da educação progressiva nessa estrutura, em parte porque ela significa inventividade que economiza custos e adaptação integrativa, ao mesmo tempo que é bastante inovadora por si só. A estrutura retangular, a área pagã e o Prédio Azul têm pouca coerência arquitetônica (como na maioria das evoluções arquitetônicas, nenhum plano teria previsto isso), mas coletivamente parecem funcionar de uma maneira estranha. Se tivermos em mente que duas cabras amarradas pastam no campo central e que os alunos e funcionários da escola são todos tratados pelo primeiro nome, e que as crianças em diferentes estágios de suas vidas constroem pequenas vilas no campo para aprender sobre materiais, planejamento, execução e coabitação, então a evolução do design na Escola King Alfred parece ter capturado a capacidade sobredeterminada dos prédios.

Os prédios têm funções a cumprir, mas também podem servir a diferentes implicações evocativas de sua localização. No interessante encontro de crianças, pais, educadores e administradores, são construídos prédios que tranquilizam a todos (eles podem dormir em paz) e que constituem uma espécie de sonho materializado.

Uma escola progressista como a EKA, mesmo que tenha recursos para isso, não gostaria de demolir sua estrutura existente e construir uma escola completamente nova. Nem apreciaria que os prédios temporários (muitos agora com mais de trinta anos) exemplificassem demais o espírito de que cada criança (na forma de cada prédio) deve ser permitida a avançar em seu próprio ritmo em relação à sua capacidade progressista. A EKA é uma espécie de mundo de conto de fadas para as diversas necessidades de seus participantes, que sonham seu caminho para a realidade compartilhada em um ritmo que está mais ou menos ideal.

Em contraste a esses sonhos de design — de uma Las Vegas ou de uma EKA — há objetos que parecem claramente destinados a ofender. Tanto a Torre Eiffel em Paris quanto a Torre BT (dos Correios Britânicos) em Londres foram consideradas "porcarias" por grande parte da população quando erigidas. O que pode ser visto como arquiexcreções — ou seja, prédios que parecem destinados a ofender a população — são, contudo, características interessantes do inconsciente arquitetônico. O objeto ofensivo, ou "monstruosidade", pode ser criado pelo arquiteto ou ter a sua existência permitida pelos planejadores, como um desafio inconsciente à população: algo "popular", "notório", que provoca narizes empinados por causar ofensa. Se deixarmos de lado o simples sadismo como a função de tais atos ofensivos, por que a arquiexcreção pode ser tolerada?

O valor de um erro

A arquitetura, para se desenvolver, deve cometer erros. À medida que surgem novos materiais, eles podem superar a compreensão do arquiteto sobre suas limitações e, por um tempo, estruturas feias certamente serão construídas. Mas o objeto desprezível de uma geração pode ser o ouro de outra, como é um pouco o caso da Torre Eiffel nos dias de hoje: pelo menos no que diz respeito aos visitantes, que a admiram bastante.

No entanto, o objeto ofensivo pode ser inconscientemente bem-vindo — mesmo quando é conscientemente vilipendiado — porque levanta uma interessante questão psicoespiritual. Será que esse nosso *self*, que é posto sobre esta terra, não é nada mais do que porcaria? À medida que nossos corpos se deterioram, que vemos os primeiros sinais de nossa degeneração, sabendo que um dia seremos transformados em um tipo de resíduo fétido, algo resultará dessa excreção? Seremos mesmo ressuscitados? Como algo poderia ser feito a partir de nossos restos?

A mesma pergunta é levantada quando os arquitetos criam porcaria. As pessoas se perguntam: como pode tal excreção se tornar algo útil? Que tipo de intervenção nas mentes das gerações vindouras poderia transformar essa escória em ouro? Mascarado nesse estado de espírito ofendido pode haver um desejo profundamente oculto de que, talvez, um dia esse edifício seja amado por aqueles que o cercam. Talvez o resíduo seja transformado em matéria viva. Talvez o excluído seja o ressuscitado. Mas se assim for, isso acontecerá nas mentes das pessoas. A monstruosidade, então, aguarda um futuro estado de espírito, talvez um mais sofisticado do que o nosso, um que funcione no mundo da medicina futurista, talvez até em um mundo em que, por meio da replicação de DNA de nossas amostras de sangue, possamos ser ressuscitados afinal. Talvez, então, esses montes de lixo sejam orações estranhas para o futuro, muito diferentes dos monumentos admirados, discutidos anteriormente.

Novos edifícios, especialmente os visionários, suscitam os sons de admiração. No campo visual do Empire State Building devem estar as inscrições auditivas de muitos "Ahhhhs", "Oooohs" ou "Uaaaaus". A boca se abre para absorver a visão, o *self* talvez seja transportado de volta à boca aberta de surpresa da criança, à medida que outro objeto novo e surpreendente é apresentado diante dela. Com certeza, a escala de Nova York nos coloca de volta aos domínios da criança entre gigantes, mas o espetáculo do objeto, seu valor espetacular, negocia a história de qualquer *self* nascido em um mundo de surpresas.

Da mesma forma, o "Eca!" e o desvio do olhar expressam os desgostos dos objetos não bem-vindos de nossas primeiras vezes. De maneira alternativa, o design não espetacular e surpreendente — por exemplo, uma loja pequena recém-construída que se encaixa bastante bem em um local anteriormente abandonado — pode suscitar um "Ahhhh! Eu não sabia que isto estava aqui".

Construir o evocativo em qualquer escala é abrir o psique-soma, de modo que ocorre uma aparente expansão da mente e do corpo em um único ato singular de recepção, o qual liga o novo objeto ao sujeito prazerosamente surpreendido. Como discutido antes, os edifícios se baseiam em nossa admiração inconsciente pela vastidão do mundo físico — a vista "de tirar o fôlego" de uma montanha, do mar ou da pradaria — e, nesse sentido, eles têm um potencial ontológico: podemos ser levados de volta à origem de nosso ser em suas primeiras percepções do objeto.

Quando isso ocorre, o edifício ocupa um certo espírito do lugar, seu design estabelecendo valor ontológico, já que somos postos de volta no local de nascimento — à medida que novos objetos nos fazem abrir nossas bocas e nossas psiques para o contínuo espírito do nascimento. Se o corpo a partir do qual chegamos, a mãe, pode ser considerado o deus que nos entrega ao nosso ser, então sua subsequente apresentação de objetos pode ser vista como consagrações do mundo objetal. Cada objeto que o bebê coloca em sua boca para o teste de sabor é uma comunhão do seio da mãe.

Em nosso inconsciente, então, os prédios sustentam (ou falham em sustentar) essa comunhão. Esse bom seio, celebremente denominado por Melanie Klein, é disseminado no mundo dos objetos para ser encontrado por cada pessoa naqueles objetos que abrem a boca e a mente física ou psiquicamente. Novos objetos descobertos passam ou falham nesse teste de sabor, e as pessoas, é claro, variam enormemente em sua ideia do que é de bom gosto ou de mau gosto.

A vista é divina ou não?

Designers e arquitetos, como vimos, criam um mundo de sabor ou para o sabor e herdam a tarefa da mãe que apresenta o *self* a um novo lugar, com novas visões e novos objetos. As cidades terão áreas conhecidas provavelmente por serem imponentes; mas os pequenos objetos materiais da vida — um copo, talheres, uma lâmpada etc. — também são tão propensos a carregar esse encantamento em si. O amor por nossos objetos, às vezes algo embaraçoso, é uma paixão que realiza uma comunhão.

Feito pelo homem

O mundo feito pelo homem contrastado com o mundo natural, no entanto, levanta uma dualidade diferente, pois os objetos construídos parecem testemunhos da ordem patriarcal, enquanto o mundo natural é comparado à ordem materna. Como discutido antes, no entanto, há inúmeras formas de intercurso entre as ordens materna e paterna. Se admitirmos que a decisão sobre a inseminação seja uma ação patriarcal — consideremos um templo grego, por exemplo — e sua construção seja nomeada pelo homem, então seu nascimento para o recém-chegado (ou seja, o primeiro momento de vê-lo) sempre negocia a apresentação materna do objeto surpreendente. Se o monumento parece ser um símbolo do triunfo monolítico do inorgânico sobre nossas vidas orgânicas, então dar a suas estruturas nome relativos a partes de nossos corpos visa à epígrafe. Esses mesmos templos também levam nomes de partes do mundo animal e botânico, assim como as pinturas em cavernas e os túmulos egípcios traziam representações ou artefatos do mundo natural.

Temos reunido objetos das ordens materna e paterna e de formas de vida e morte desde o início dos tempos — uma sequência de justaposições que faz parte da obrigação inconsciente da arquitetura.

O parque na cidade, o jardim no fundo da casa, a planta no vaso na sala, as flores no jarro: esses são emblemas do mundo natural no mundo construído, assim como uma pequena capela na floresta ou uma escultura no prado são sinais da ordem construída no mundo natural.

Os espíritos do lugar

Essas formas de intercurso são momentos espirituais se entendermos que cada materialização carrega consigo o espírito do significante. Uma flor em um vaso é o espírito das flores; uma igreja na floresta é o espírito da fé cristã. O planejamento urbano não é simplesmente funcional e localmente significativo: também envolve um tipo de psicoespiritualidade, ou seja, é investido da tarefa psicológica de trazer os espíritos da vida para determinado lugar.

Como o tempo não nos permite tratar do que poderíamos pensar como uma desconstrução espiritual da sociedade ocidental — poderíamos examinar uma casa em termos do espírito de seu encanamento, ou o espírito de seu aquecimento, ou o espírito de sua sala de estar —, vamos nos limitar à representação espiritual de certos fenômenos sociais essenciais para a vida humana. Nós cultivamos a terra e pescamos nos mares. Nossa sobrevivência depende dessas duas funções muito antigas. Na cidade moderna, os frutos da agricultura e da pesca encontram, é claro, seu caminho até as gôndolas dos grandes supermercados, mas podemos perguntar se, arquitetonicamente, estamos conseguindo representar o espírito do pescador e da pesca, assim como o espírito do agricultor e da agricultura.

A maioria das cidades tem mercados abertos com peixarias e produtos agrícolas, e a praça do mercado tem algo desses espíritos. Pescadores ou agricultores, por exemplo, visitando a praça do mercado, sentirão que suas vidas — e o mundo dos peixes ou das safras — são representadas até certo ponto. No entanto, às vezes, planejadores urbanos e arquitetos fazem mais do que isso. Em Bergen, por exemplo, no porto central, há vários tanques enormes de peixes, para que cidadãos e turistas possam contemplar essas criaturas notáveis do outro mundo se movimentando em tanques de água salgada, muito antes de irem a outros lugares em sua jornada. A mesma apresentação do mar, de seus conteúdos (os peixes) e das vidas daqueles homens e mulheres que trabalham nesse mundo (pescadores) tem lugar de honra em Helsinque e Gotemburgo. Mas uma representação arquitetônica similar do espírito dos peixes desapareceu há algum tempo da área próxima à cidade velha de Estocolmo. Podemos chamar isso de perda de um elemento do espírito da cidade.

Durante a era de Margaret Thatcher, do Partido Conservador, a destruição impiedosa das comunidades de mineração da Grã-Bretanha transformou o Covent Garden (o antigo mercado de frutas e vegetais do centro de Londres) em butiques e lojas turísticas, com o New Covent Garden Market tendo sido previamente realocado a muitos quilômetros de distância. Não é necessário questionar a necessidade estrutural dessas decisões: talvez tenha sido preciso reestruturar a indústria mineradora, assim como pode ter sido oportuno realocar e expandir o mercado de produtos agrícolas. Mas se meu argumento estiver correto, de que o planejamento e a construção não são simplesmente funcionais, mas sim o trabalho de significado — de fato, o trabalho de comunhão espiritual —, então a erradicação de tais locais do centro de uma cidade equivale a uma forma de eliminação espiritual.

Basta visitar Pike Place, em Seattle, para ver como o mar e a terra podem ser posicionados de forma funcional e espiritual. O planejamento poderia facilmente alocar a grande maioria de seus peixes, carne e processamento agrícola nas periferias de uma cidade, ao mesmo tempo que compreenderia a necessidade tanto daqueles que trabalham nesses campos distantes quanto das pessoas que vivem dentro da cidade de terem uma relação espiritual uns com os outros. (Lembre-se de que por "espírito" quero dizer o idioma preciso de efeito evocativo derivado da integridade de cada um desses diferentes domínios.)

Não há razão, então, por que uma cidade como Londres, por exemplo, não poderia ter em seu centro um monumento ao submundo da mineração de carvão e ao espírito da mineração. As grandes cidades mineiras de Yorkshire e do País de Gales poderiam encontrar uma representação espiritual em sua capital, se meio quarteirão da cidade fosse projetado para revelá-la. O mesmo poderia ser feito para a indústria naval, a indústria automobilística, e assim por diante.

Essas espécies de totens convidariam os mundos espirituais do homem e da mulher a lugares de representação. Por mais interessante e profundamente significativo que o monoteísmo tenha sido, se a impulsão monoteísta for eliminar o mundo espiritual incorporado em diferentes deuses menores (como o espírito do milho, o espírito da chuva, e assim por diante), seria uma erradicação sem sentido do espírito da vida na Terra. Todos nós viemos da mãe, e, nesse sentido, nosso monoteísmo é apropriado, mas que tipo de mãe estaríamos lembrando se honrá-la fosse alcançado pela destruição dos espíritos incorporados do mundo objetal, que ela nos apresentou para desfrutar?

O monoteísmo pode ser, então, uma espiritualidade totalitária presidida pelo que André Green chama de "mãe morta", uma figura cuja angústia psíquica, autozelo e demência impediram que ela transmitisse sua relação com a criança para a relação da criança com a realidade.

O inconsciente arquitetônico

Parte da tarefa do inconsciente arquitetônico, então, pode ser sobreviver ao genocídio monoteísta da diferença e, por meio da diversidade de estruturas, pelo menos fornecer a forma para muitos espíritos, mesmo que — até agora — as verdadeiras casas para os espíritos da vida ainda não tenham sido totalmente compreendidas e assistidas.

Cinquenta anos antes da construção da Torre Eiffel, Roland Barthes nos lembra que o romance do século XIX materializou na imaginação literária aquele ponto de vista, criando uma visão panorâmica que seria alcançada na tecnologia da Torre. Em um capítulo de *O corcunda de Notre Dame*, que oferece uma vista aérea da cidade, e no *Tableau chronologique* de Jules Michelet, que faz o mesmo, observa-se Paris de uma perspectiva que só poderia ser experienciada depois da construção da Torre. Barthes argumenta que a literatura de viagem havia descrito cenas da vida, mas o viajante sempre era lançado no meio da cena, descrevendo a sensação do novo; enquanto a partir desses romances e da Torre "nasceu uma nova percepção", "a da abstração concreta; isso, aliás, é o significado que podemos dar hoje à palavra *estrutura*: um corpus de formas inteligentes".[17] Olhando para Paris do alto, vê-se a estrutura da cidade como um corpo de formas inteligentes.

A multiplicidade de dialéticas coterminais que impulsionam as diferentes inteligências de uma cidade — a erradicação e criação de novas estradas, parques, escolas, e assim por diante — constitui o corpo da forma dessa cidade. Assim como a vida inconsciente de qualquer *self*, a inteligência da formação e transformação de uma cidade não deriva de um único estímulo, mas sempre terá sido uma

---

17 Roland Barthes, "The Eiffel Tower (1979)". In: ___. *The Eiffel Tower*. Nova York: University of California Press, 1964 (1984), pp. 3-22.

matriz dinâmica de muitas influências que, no entanto, parece, com o tempo, criar sua mentalidade. Embora essa mentalidade ou visão coletiva — um sonho derivado dos muitos constituintes — possa ser destruída, uma vez viva e em vigor, ela constitui um sistema inconsciente muito particular que gerará os significados complexos de uma cidade e de seus habitantes.

Bion argumentou que a vida mental não poderia ser assumida. A única razão pela qual desenvolvemos uma mente, ele afirmava, é porque temos pensamentos, e em algum momento os pensamentos exigem a chegada de um pensador para pensá-los. Temos muitas experiências na vida, mas se estas não forem transformadas em algum tipo de material para o pensamento, então, do ponto de vista de Bion, elas seriam "experiências não digeridas". Ele dá o sinal arbitrário B, ou Beta, para tais elementos. Mas se a mente do *self* está se formando, então os fatores ônticos da vida podem encontrar significado ontológico, e podemos derivar alimento para o pensamento, para o qual ele atribui o termo A ou Alpha.

Podemos ser capazes de emprestar algo do pensamento de Bion para considerar a vida de uma vila ou uma cidade. A mera existência de prédios e cidades não significa que eles tenham uma mentalidade. Talvez possam ter sido "um corpus de formas inteligentes" em algum momento, mas agora poderiam estar mortos. Aqueles que vivem na cidade podem ter dificuldade em tirar do funcionamento Beta da cidade — ou seja, operação puramente funcional — qualquer alimento para o pensamento: isso não daria origem a lendas, mitos, memórias, sonhos, contemplações ou novas visões, como em Jersey City no estudo de Lynch. Mas se a cidade se transforma, gerando novas formas de vida, então estaria criando Alpha — ou seja, o alimento para o pensamento —, e a mentalidade da cidade, sua formação inconsciente de si e de seus habitantes, estaria viva e bem.

A topografia do sul do Condado de Orange, na Califórnia, mostra como os chamados desenvolvedores tentaram contornar a luta para passar do Beta para o Alpha, do não digerido para o digerido, por meio da criação de cidades prontas, com temas como "Spanish Village" ou "Cape Cod". Embora as escolas, parques, shoppings centers e bairros residenciais tenham sido construídos em um único ato de desenvolvimento, e por certo destinados a exalar o espírito do lugar (ou seja, Espanha ou Cape Cod na Califórnia), clonar uma mentalidade não equivale a trabalhar através das fases de contenda humana pelas quais uma comunidade cresce com seu verdadeiro espírito.

As novas cidades anódinas do sul do Condado de Orange são equivalentes ao falso *self* humano, uma identidade espúria que pretende representar a vida cívica autêntica. Esses ambientes sugerem que seus habitantes compartilham de uma espécie de superficialidade do *self*, destinada a viver em aparente normalidade imediata, como se a cidade-parque de diversões tivesse verdadeira integridade. Tais lugares seriam, então, formas vazias, inteligências falsamente presumidas, visando produzir uma mentalidade, copiando e colando outros lugares e mentalidades. No final do dia, um Lynch estudando essas cidades descobriria, creio eu, que seus habitantes possuem uma estranha satisfação volátil: eles têm tudo, e ainda assim parece não significar nada.

O estudo da vida inconsciente é um projeto que associamos ao anúncio de Freud sobre a formação da psicanálise. Ainda muito no início como um projeto intelectual, a designação freudiana não deve se limitar ao *self* individual. Winnicott escreveu:

> Um diagrama do indivíduo humano é algo que pode ser feito e a superposição de mil milhões desses diagramas representa o total das contribuições dos indivíduos que compõem o mundo e, ao mesmo tempo, é um diagrama sociológico do mundo.[18]

Ainda nos resta seguir o projeto psicanalítico em todas as suas implicações, não apenas como aconteceu no estudo da literatura e da cultura, mas em outros lugares, como no estudo contínuo das dimensões inconscientes da arquitetura, ou o que o situacionista francês Guy Debord chamou de "psicogeografia": "O estudo e a manipulação de ambientes para criar novas atmosferas e novas possibilidades psíquicas".[19]

---

[18] Donald Winnicott, 1986, pp. 221-2.
[19] Essa definição do conceito de psicogeografia dos situacionistas é fornecida por Steven Harris; Deborah Berke, *Architecture of the Everyday*. Princeton: Princeton Architectural Press, 1997, p. 20.

CAPÍTULO TRÊS
O mundo dos objetos evocativos

Discutimos como, por meio da associação livre, viajamos por fluxos de pensamento ligados às experiências do nosso cotidiano. O mundo dos objetos — sua "coisidade" — é crucial para o nosso uso. À medida que nos movemos, vivemos em um mundo evocativo que só o é porque os objetos têm uma integridade própria.

Essa integridade de um objeto — o caráter de sua *coisidade* — tem um potencial processional evocativo. Ao ser utilizado pelo *self*, ele pode ou não levar o indivíduo a uma experiência psicossomática complexa.

O tempo todo, enquanto vagueamos em nossos mundos, nos deparamos com objetos, naturais ou feitos pelo homem, materiais ou mentais. Para o inconsciente, não há diferença entre um objeto evocativo material e um imaterial; ambos são igualmente capazes de expor o *self* a uma experiência interna complexa. A lembrança que

Wordsworth tinha de Grasmere era um fenômeno mental interno, e a imagem em sua mente com certeza era emocionalmente mais cativante do que a própria visão do lugar. O ditado "longe dos olhos, perto do coração" pode nos ajudar a ver como um objeto mental, por causa do poder da ausência, cristaliza a memória de modo que a simples lembrança é repleta de significado. A observação psicanalítica de que a mãe ausente é uma presença interior muito poderosa para o bebê — que a está criando ativamente para manter uma relação com o objeto — evidencia a força do objeto evocativo interno.

Às vezes, quando as pessoas pensam em coisas reais (ou seja, externas) como objetos evocativos, elas ficam nostálgicas. Eu não sou exceção — já escrevi sobre o efeito em mim da visão de um lago, ou de um campo de beisebol, ou de outros objetos que evocam memórias imbricadas em um objeto. Muitas vezes esses objetos são tão importantes precisamente porque não estão mais presentes: podemos estar longe de casa. A nostalgia é a emoção do amor perdido, do sofrimento vivenciado e da gratidão pelo poder evocativo da memória que permite nos apegarmos ao objeto perdido.

Mas o objeto nostálgico é apenas uma entre muitas formas possíveis de objeto evocativo.

Visitar uma grande loja de departamentos, na qual se pode passar pelas várias seções — artigos para casa, roupas infantis, televisões, móveis —, é entrar em diferentes categorias do evocativo. Cada seção desperta em nós um estado psíquico diferente. Eu adoro as seções de cozinha. Mesmo quando não preciso comprar nada, aprecio a visão e a sensação dos robustos processadores de alimentos ou das frívolas máquinas de fazer pipoca. Também posso passar um tempo em frente àqueles estandes de utensílios pequenos — debulhadores de milho, trituradores de alho, rolhas de vinho — que agora são quase itens de moda. Eu odeio a seção de perfumaria e me pergunto por que as lojas de departamento têm que colocá-las na entrada principal, forçando-me a enfrentar o ataque olfativo.

Cada seção da loja, cada parte de uma seção, cada unidade de espaço visual contém objetos evocativos. Ao vê-los, seu design desperta sentimentos dentro de nós, sua função vem à mente, seus nomes — genéricos e de marca — surgem na consciência. Quanto ao registro inconsciente desses objetos, só podemos supor que assim como a loja agrupa objetos semelhantes em tais unidades, nossa mente faz algo muito similar, com a exceção de que acrescentamos um significado pessoal a cada coisa que vemos.

Mas não apenas as vemos. Nós as vivenciamos.

Associando-se a objetos

Quando perambulamos pelo mundo das coisas, podemos estar agindo como seres livres associativos — governados por uma sequência subjacente no que parece ser um movimento aleatório —, mas também estaremos envolvidos no que poderíamos descrever como *ilhas* de experiência emocional.

Na seção de brinquedos, a visão de um determinado modelo de trem pode me prender no tempo e no espaço por um momento, à medida que o objeto estimula um devaneio. Ele pode me levar de volta à minha infância. Pode me levar ao futuro, a imaginar um momento em que eu possa dá-lo a uma criança como presente. Pode me fazer temer que seja tolo o suficiente para comprá-lo, e posso sonhar com a expressão no rosto da minha esposa quando me vir com o pacote: "Ah, e o que tem no pacote?".

O grande filósofo americano John Dewey escreveu mais sobre a natureza da experiência do que qualquer outro escritor de sua época. Alguns dos comentários de Dewey são particularmente relevantes para nossa discussão:

> As emoções estão ligadas a eventos e objetos em seu movimento. Exceto em casos patológicos, elas não são privadas. E mesmo uma emoção "sem objeto" exige algo além dela mesma para se vincular, e assim logo gera uma ilusão, na falta de algo real.[1]

Em "Ter uma experiência", publicado em 1934, Dewey argumentou que a experiência vivida não é um fluxo contínuo de vida mental e emocional, mas é divisível em unidades:

> Temos *uma* experiência quando o material experimentado percorre seu curso até a realização. Somente então ela é integrada e demarcada na corrente geral da experiência em relação a outras.[2]

As experiências têm um começo, um meio e um fim. Podemos pensar em entidades específicas como unidades de experiência. Dewey escreve:

---

[1] John Dewey, *The Philosophy of John Dewey*. John J. McDermott (Org.). Chicago: University of Chicago Press, 1981, p. 561.
[2] Ibid., p. 555.

Uma experiência tem uma unidade que lhe confere seu nome, *aquela* refeição, aquela tempestade, aquela ruptura de amizade. A existência dessa unidade é constituída por uma única *qualidade* que permeia toda a experiência, apesar da variação de suas partes constituintes.[3]

Dewey até mesmo apresenta sua própria visão da associação livre, que é surpreendentemente similar à visão de Freud:

> O pensamento ocorre em sequências de ideias, mas estas formam uma sequência apenas porque são muito mais do que o que a psicologia analítica chama de "ideias". Elas são fases, emocional e praticamente distintas, de uma qualidade subjacente em desenvolvimento; são suas variações em movimento, não separadas e independentes como as pretendidas ideias e impressões de Locke e Hume, mas são nuances sutis de uma tonalidade pervasiva e em evolução.[4]

Assim como Freud, Dewey afirma que pensamos ao longo de uma linha sequencial — e ele usa a metáfora freudiana do trem do pensamento. Dewey acredita que esse fluxo de pensamento é demarcado pelo que agora descreveríamos como os limites de uma experiência emocional dentro do fluxo.

Em *A interpretação dos sonhos*, Freud argumentou que o inconsciente é parcialmente organizado de acordo com "grupos de ideias". O inconsciente é uma matriz que claramente observa *diferenças* entre áreas de significado.

---

[3] Ibid., p. 556.
[4] Ibid., p. 557.

Objetos para o pensamento

Penso que podemos ver o projeto de Dewey como direcionado mais para os grupos de associação que emanam de diferentes tipos de objetos evocativos. Discutimos o objeto evocativo nostálgico que claramente possui um lugar original temporal e espacial na vida de alguém. Ele também vem com essa "tonalidade" descrita por Dewey, ou que Freud chamaria de "alto valor psíquico", ou que filósofos contemporâneos chamariam de "qualia".

Em *O momento freudiano*, no capítulo intitulado "Transformações psíquicas", discuti algumas das diferentes formas de pensamento.[5] A transferência é uma forma de pensamento por meio do *ato analítico*. Outra forma de pensar é por meio de nosso envolvimento com objetos reais no mundo, através da maneira como os usamos e somos usados por eles. Nos deparamos com um objeto, que evoca pensamentos em nós por causa de sua integridade, então o objeto e o pensamento que emergem desse encontro se tornam inseparáveis um do outro.

Agora vou traçar a evolução do meu conceito de *objeto evocativo* para considerá-lo dentro desse contexto.

As experiências psiquicamente valiosas do dia — aquelas que competem para entrar no sonho da noite — contêm ilhas de pensamentos que surgem de nossa experiência com objetos singulares. Esses objetos deixam uma impressão em nosso inconsciente que é, em parte, propriedade do próprio objeto e principalmente resultado de seu sig-

---

[5] Christopher Bollas, *O momento freudiano*. Trad. de Pedro Perússolo. São Paulo: Nós, 2024, pp. 23-74.

nificado dentro de nosso *self* individual. Se alguma dessas experiências for excepcionalmente evocativa, ela irá, pelo menos de acordo com o modelo de Freud, "abrir um caminho" até o inconsciente do *self*, onde se juntará a linhas de pensamento existentes e em movimento.

Mas esse caminho funciona nos dois sentidos.

Vias de interesse

Existem "vias de interesse" que surgem diretamente de nossas linhas inconscientes de pensamento para buscar e encontrar coisas específicas em nosso mundo que são objetos de interesse. Posso sentir um impulso de ir a um jogo de futebol do Arsenal porque isso realiza um desejo inconsciente de ter essa experiência. O que isso significa na cadeia de ideias que correm em minha mente naquele momento — fora da vista da consciência — eu não saberei. Mas posso simplesmente fazer isso. Outras experiências, no entanto, estarão tingidas de ansiedade, tristeza ou qualquer uma das várias emoções que possuímos. Podemos não saber por que sentimos o impulso de fazer algo do nada, mas sem dúvida terá sido a pedido de nosso inconsciente, abrindo um caminho para nossa consciência e nos dando uma diretriz.

Como discuti em *Being a Character*, durante o dia estamos envolvidos no trabalho de sonho comum, tecendo experiências reais que formam a tapeçaria do significado inconsciente desse dia.[6] As coisas reais desempenham um

---

6 Christopher Bollas, *Being a Character: Psychoanalysis and Self Experience*. 1ª ed. Inglaterra: Routledge, 1993.

papel enorme nesse sonhar, e isso pode ser devido ao que elas contêm (mnemonicamente), ou como elas funcionam (sua estrutura), ou ainda o que passamos ao vivenciá-las (sua integridade processional).

A associação livre é, então, um processo que ocorre tanto na pureza do mundo interior quanto no mundo sujo das coisas reais. Nossos movimentos na mente e nossas divagações no mundo real certamente são diferentes categorias de ação. Se ficássemos dentro de casa por dias — ou semanas, ou meses ou anos —, perceberíamos nossas mentes perdendo alimento para o pensamento. Emily Dickinson, talvez nossa poeta-reclusa mais famosa, viveu por muito tempo com o poder nutritivo da ordem encontrada na forma poética. No entanto, em algum momento, essa forma se desfez em suas mãos inteligentes à medida que ela perdeu a força sustentadora do pensamento linear e, como Helen Vendler ilustra, começou a se mover em círculos cada vez mais insanos.[7]

Precisamos do contato com objetos reais e precisamos da experiência vivida. Não sei quantas vezes já disse aos meus analisandos que devem permitir que a experiência venha e tenha sua palavra final em suas deliberações em vez de decidirem com antecedência o que pensam sobre ela!

A vida mental interior e a experiência vivida no mundo real são naturalmente inseparáveis. No entanto, podemos observar como o ziguezaguear pelo mundo real — passando de uma coisa para outra — pode, por si só, ser uma forma de devaneio que constitui o pensamento na reali-

---

[7] Helen Vendler, *Poets Thinking: Pope, Whitman, Dickinson, Yeats*. Cambridge: Harvard University Press, 2006, pp. 64-91.

dade. Embora essas unidades de experiência vivida evoquem significados inconscientes imediatos que se vinculam a outras cadeias de ideias, a fonte desse momento psíquico será do real e carregará o peso deste consigo para o inconsciente. O pensamento que se desenvolve a partir de encontros vividos no mundo real — em contraste com aqueles que surgem exclusivamente da mente — traz as marcas da vida.

O termo "objeto evocativo"

Pelo menos desde o Renascimento, encontramo-nos cada vez mais livres para comentar nossas próprias respostas individuais a objetos evocativos. Assim como Masaccio deu vida a seres humanos comuns e objetos em suas pinturas, ele sabia que seus espectadores, por sua vez, encontrariam suas representações comoventes de forma individual. Os dias do significado recebido estavam em declínio, à medida que o mundo ocidental voltava ao reino misterioso da sensibilidade humana. Petrarca, olhando para a Alta Idade Média, declararia que estávamos em um novo mundo "moderno", no qual a busca do homem por significado humano era tão importante quanto sua capacidade de encontrar sua alma e enviá-la em uma jornada eterna.

Diferentes poetas e romancistas obviamente achavam objetos diferentes mais evocativos do que outros. Para Wordsworth, seriam as paisagens do campo de sua infância. Pode parecer que ele simplesmente descrevia uma paisagem pastoril idealizada até que se descubra, em "O prelúdio", que Wordsworth estava usando os objetos evocativos de sua juventude para examinar a própria natureza do pensamento. O subtítulo de "O prelúdio" é "O desenvolvimento do espírito de um poeta". Ao evocar objetos de sua infância, Wordsworth testemunha não apenas a memória, mas a estrutura da imaginação. Seu poema tem o objetivo de mostrar aos seus leitores não apenas como a contemplação do mundo dos objetos expande a mente, mas como sua própria habilidade — a expressão poética — cresce juntamente com a tarefa de representação.

Em *Moby Dick*, quando Melville coloca Ishmael diante de uma pintura no Spouter-Inn, ele explora como encontros inesperados expandem a mente. Ishmael vê uma grande pintura a óleo que estava "suja e desfigurada em todos os sentidos". Tinha "massas e sombras inexplicáveis" e exigia observação e revisão antes de começar a fazer algum sentido visual. Mas o que mais intrigou Ishmael foi "uma longa e flexível, ameaçadora e negra massa de algo pairando no centro da imagem", que parecia "lamacenta, encharcada, desagradável". Após várias tentativas de definir o tema, Ishmael conclui que seria uma baleia se empalando em um navio.

Há rumores de que Henry Murray, um psicólogo e ávido leitor de Melville, foi inspirado a criar seu teste psicológico — o Teste de Apercepção Temática, ou TAT — a partir dessa cena de *Moby Dick*. Se for esse o caso, então Murray observou o que é, eu espero, claro para qualquer leitor hoje em dia. O encontro de Ishmael com o objeto desconhecido no início do romance é um aparte astuto que Melville faz ao leitor: continue lendo, interprete como quiser; faça o que você quiser com isto. Qualquer encontro com um objeto poderosamente evocativo, sugere o autor, nos força a pensar e repensar. E, como sua intuição pode ter sugerido, *Moby*

Dick — uma história aparentemente simples sobre a caça às baleias — revelará ser uma leitura de fato muito desafiadora. Nossa forma de pensar sobre a caça às baleias nunca mais será a mesma. Nossas mentes foram levadas a pensar de maneira diferente, processadas por um objeto (um romance) que, ao ser encontrado, mudará nossa vida mental.

Décadas depois, Proust levaria ainda mais longe essa dupla dimensão. Os objetos não eram apenas recipientes mnêmicos que guardavam uma memória específica; seu sistema de pensamento era do tipo que permitia que objetos recordados se tornassem o pano de fundo ideacional para uma nova forma de pensar.

O termo "objeto evocativo" era usado na psicologia para se referir à capacidade do *self* de evocar uma representação mental interna de um objeto. A "constância do objeto evocativo", que indicava a capacidade de sustentar representações mentais importantes, tornou-se uma expressão familiar, especialmente entre psicólogos do desenvolvimento e psicólogos do ego.

Em "O objeto transformacional",[8] argumentei que os objetos poderiam agir como processos. Uma mãe codifica em suas milhares de interações uma teoria implícita de ser e relacionar que constitui parte do que denominei "o conhecido não pensado". Em *A sombra do objeto*, argumentei que precisávamos adicionar outro termo à nossa compreensão dos processos inconscientes: "a capacidade

---

[8] Christopher Bollas, "The transformational object" [O objeto transformacional]. *International Journal of Psychoanalysis*, Londres, v. 60, pp. 97-107, 1979. Republicado em Christopher Bollas, *The Shadow of the Object* [A sombra do objeto]. Londres: Free Association Books, 1987, pp. 13-29.

receptiva".[9] Quando recebemos objetos (e isso inclui outros seres humanos, é claro), essa recepção é evocativa. Nessa fase da minha escrita, eu usava o termo "objeto evocativo" em dois sentidos: para denotar objetos externos que evocavam estados internos da mente, bem como aquilo que era evocado puramente do mundo interior. Minha ênfase era menos em coisas reais no mundo dos objetos e mais nas pessoas e como elas afetavam umas às outras, especialmente como o analista afetava o analisando.

Viver com as coisas

Em *Forças do destino*, mudei meu foco para o mundo dos objetos reais e como, ao usá-los, construímos uma existência para nós mesmos:

> No decurso de um dia, uma semana ou uma vida, nos engajamos em uma seleção sucessiva de objetos, cada um deles nos convém no momento, nos "fornece" um certo tipo de experiência e, como nossa escolha, pode servir para articular nosso idioma, lembrar alguma situação histórica anterior ou inibir a verdadeira articulação do *self*.[10]

Não sabemos por que escolhemos objetos, mas certamente uma das razões é por causa de seu "potencial de experiência", já que cada objeto proporciona "texturas de experiência do *self*".

---

[9] Christopher Bollas, 1987.
[10] Christopher Bollas, *Forces of Destiny* [*Forças do destino*]. Londres: Free Association Books, 1989, p. 48.

Aqui, aproximei-me das qualidades do objeto como coisa. Quando escrevi que "precisamos do objeto para liberar nosso *self* na expressão",[11] eu reconhecia a capacidade intrínseca de um objeto singular de fazer isso. Isso era um aspecto essencial do que eu chamava de "pulsão do destino" e, em um tom um tanto elegíaco, escrevi sobre como, após a passagem de alguém, deixamos os "efeitos pessoais" para trás: o rastro daqueles objetos que usamos em nossa vida e que atenderam (ou talvez não) às necessidades dessa pulsão.

O cerne da minha teoria na época era que, por meio da seleção e do uso real de objetos, poderíamos realizar — isto é, liberar — nosso verdadeiro *self* para suas próprias formas de vivências idiomáticas:

> A criação da vida é algo como uma estética: uma forma revelada através de nossa maneira de ser. Acredito que existe um impulso particular para moldar uma vida, e essa pulsão do destino é o esforço incessante de selecionar e usar objetos para dar expressão vivenciada ao nosso verdadeiro *self*.[12]

A provisão, para uma criança, de objetos que atendem à necessidade do *self* por experiências emocionalmente elaboradas é um dos presentes de uma mãe ou pai suficientemente bons. Um objeto apresentado dessa maneira pode ser transformacional e, sendo o objeto do potencial

---

[11] Ibid., p. 48.
[12] Ibid., p. 110.

transformacional do outro, ele permanece integrado em nós para a vida toda.

> Uma pessoa que se encontra com um pai ou mãe que é um objeto transformacional suficientemente bom terá uma sensação de esperança incorporada ao uso de objetos... e talvez seja por isso que uma pessoa tenha um senso de destino.[13]

Através do capítulo "Conjuntos históricos e o processo conservativo" em *Forças do destino*, argumentei que, embora formemos memórias encobridoras ["screen memories"], também mantemos conjuntos de memórias que servem para armazenar a experiência do *self* através do poder retentivo do objeto. Embora aquele ensaio tenha enfatizado nossas memórias de experiências passadas no mundo dos objetos, também argumentei que as crianças usam objetos para pensar:

> Crianças pequenas têm uma relação mais íntima com objetos concretos do que crianças mais velhas e adultos... Elas pensam de forma operacional usando objetos, então os objetos de que me lembro fazem parte da minha maneira de pensar sobre minha vida naquela época.[14]

Em *Forças do destino*, minha intenção era mostrar como o uso real de objetos na infância, não apenas pensar evocativamente sobre um objeto, inscrevia-se em nossa mente. Assim, ao pensar mais tarde em um objeto de nossa infância,

---

13 Ibid., p. 112.
14 Ibid., p. 199.

implicitamente estávamos lembrando da experiência do objeto naquela época. Essa inscrição temporal foi um passo crucial na minha mudança de visão de que é o objeto como *coisa em si* que precisa da atenção da teoria psicanalítica.

Impactos do evocativo

Em *Sendo um personagem*, argumentei que precisávamos agora estudar "o efeito estrutural do impacto de um objeto no *self*", e escrevi: "Achei bastante surpreendente que na 'teoria das relações objetais' realmente muito pouca atenção é dada à estrutura distinta do objeto, que em geral é visto como um recipiente das projeções do indivíduo".[15] Claro, eu não tinha a intenção de descartar a maneira pela qual os objetos servem como receptáculos do projetado, mas agora estava direcionando o foco para o caráter específico de um objeto. Cada objeto tinha sua própria integridade e vinha com seu próprio "potencial processional".

O mundo dos objetos "é um léxico extraordinário para o indivíduo, que expressa a estética do *self* por meio de suas escolhas precisas e usos particulares de seus constituintes". Para dar crédito total à capacidade processional específica de um objeto, escrevi: "Cada coisa no léxico dos objetos tem um efeito evocativo potencialmente diferente em virtude de sua forma específica, que em parte estrutura a experiência interior do sujeito e constitui o eros da forma em si".[16]

---

15 Christopher Bollas, 1992, p. 4.
16 Ibid., p. 22.

No segundo capítulo de *Sendo um personagem*, intitulado "O objeto evocativo", tentei esboçar como e de que maneiras os objetos reais afetam o *self*. "Viver nossa vida inevitavelmente nos envolve no uso de objetos que variam em suas capacidades individuais de evocar a experiência do *self*", escrevi, enfatizando a diferença entre os objetos. Os objetos possuem uma "estrutura de uso", expliquei, pois, "o uso de qualquer coisa em particular gera um perfil interior de experiência psíquica específico de seu caráter".[17] Era importante conceituar como cada coisa tem seu próprio perfil.

Objetos também são "evocativos conceitualmente". Inspirados de certa forma pelo conceito de "categorias da mente" de Lakoff, podemos argumentar que um objeto não simplesmente pertence a uma categoria, mas porta seu conceito. Um processador de alimentos portará o conceito de preparação de alimentos, refeições, relacionamento com os outros através da partilha de comida, e assim por diante. Em "O objeto evocativo", argui que os objetos nos afetam de seis maneiras: sensorial, estrutural, conceitual, simbólica, mnêmica e projetivamente. Embora possa expressar isso de forma diferente agora, meu objetivo era explorar os muitos aspectos do objeto real em nosso mundo objetal. Ao reconhecer que todos os objetos têm um lugar em nossas mentes e estão sujeitos à metamorfose mental, ao direcionar a atenção para a "integridade estrutural" do objeto, eu pretendia mostrar como "sua especificidade atômica" tem um "potencial de uso específico, de modo que quando é utilizado nos afeta de acordo com seu caráter".[18]

---

[17] Ibid., p. 33.
[18] Ibid., p. 35.

Eu enfatizei como nossa seleção de objetos, assim como nossa escolha de palavras, é um meio de expressão. Mas isso funciona nos dois sentidos: "Objetos nos usam, no que diz respeito a essa inevitável interação bidirecional entre o *self* e o mundo dos objetos".[19]

Finalmente, ao discutir como cada objeto tem um "efeito processional", busquei vincular o pensamento à experiência, ou melhor, como a experiência do objeto é uma forma de pensamento.

A integridade dos objetos

Em *Cracking Up*, continuei minha discussão sobre a integridade dos objetos ao arguir que existe um estágio de desenvolvimento além do uso do objeto de transição pela criança. Desenvolvemos um "sentido separado" com base em nosso uso de coisas reais. "O inconsciente individual reconhece que qualquer objeto tem uma estrutura específica que o torna distintamente transformacional para o sujeito."[20]

À medida que descobrimos isso, reconhecemos a integridade específica de um objeto: "Para a pessoa que começou a usar objetos para elaborar e articular o *self, a vida agora é considerada como um objeto*. É o próximo passo depois da descoberta do objeto de transição".[21] E as pessoas que percebem isso emocionalmente têm uma profunda apreciação do mundo dos objetos em si.

---

[19] Ibid., p. 37.
[20] Christopher Bollas, *Cracking Up*. Nova York: Hill and Wang, 1995, p. 88.
[21] Ibid., pp. 90-1.

Dejecção estética

No Capítulo 2, discutimos como o mundo construído exala diferentes espíritos de lugar. Agora, quero direcionar minha atenção a uma forma de depressão que podemos pensar como "dejecção estética". Envolve uma incompatibilidade insolúvel entre o *self* e o objeto.

Todos nós nos deparamos com objetos que inicialmente nos causam repulsa. Não gostei da música de Mahler quando a ouvi pela primeira vez no final dos anos 1950, mas, após perseverar, descobri por volta de meados dos anos 1960 que havia me apaixonado por sua obra. Todos temos essas lutas com certos objetos, e a própria luta é uma parte essencial do crescimento da mente.

No entanto, existem situações em que, não importa o quanto se tente, ou por quanto tempo, fica claro que determinado objeto simplesmente não é utilizável. Quando somos incapazes de usar o objeto ou seu potencial processional, o objeto é evocativo apenas no sentido de que causa uma forma de dejecção. Ao longo dos anos, tentei várias vezes ouvir música heavy metal, e agora está claro para mim que nunca vou me interessar por esse objeto. A mera sonoridade me afasta. O mesmo acontece com certas cidades. Sei que muitas pessoas amam Copenhague e provavelmente visitei a cidade quinze vezes nos últimos trinta anos, mas toda vez a acho pouco atraente. Posso apontar certas coisas em particular de que não gosto, mas esse não é o ponto: quando se trata de Copenhague e eu, não consigo usar esse objeto. Isso me deixa deprimido.

A dejecção estética refere-se, então, não apenas à incapacidade do *self* de utilizar o objeto, mas a uma forma de depressão que o *self* sabe que não pode ser resolvida. A única solução é se afastar do próprio objeto.

Mas e se esse objeto for a cidade em que se vive? E se eu tivesse que viver em Copenhague? É um equívoco assumir automaticamente que a razão para essas depressões seja inteiramente intrapsíquica. Pode ser, mas também pode não ser. Às vezes, é importante que a pessoa que está deprimida tenha sua rejeição daquele objeto reconhecida como uma coisa em si mesma.

John Byng-Hall, o famoso psicanalista que trabalhou por décadas na Clínica Tavistock, em Londres, é conhecido por ter dito que todo bom casamento é "construído sobre centenas de pequenos casamentos". Isso sempre me pareceu uma das grandes pérolas de sabedoria no mundo clínico. Eu realmente acredito que os melhores casamentos, parcerias e amizades dependem de muitos pequenos vínculos entre as duas partes. No entanto, às vezes, observamos casamentos que são claramente incompatíveis. E, embora seja verdade que "os opostos se atraem" — e na diferença pode haver liberdade para um casal desfrutar dessa diferença —, se a diferença se aplica a todas as esferas da experiência vivida, então, na maioria dos casais, encontramos uma forma de colapso matrimonial que acredito ser irreconciliável.

Tais casais podem prosseguir em um estado de dejecção estética até morrerem, sem terem nada em comum além da miséria e do ódio compartilhados — algo que pode ser surpreendentemente vinculante. Embora cada um com certeza aponte inúmeras falhas no outro, se eles quiserem escapar de sua situação precisarão entender que seu impasse não decorre de falhas pessoais. Eles simplesmente não são compatíveis, e o desespero que sentem se deve a uma dejecção irreconciliável.

Essa dejecção à *deux* não é facilmente analisada; nesses casos, os pacientes geralmente repetem as incompatibilidades relacionais predominantes em sua primeira infância. Quando esse é o caso, o casal está casado com um fracasso anterior e, na lógica por vezes curiosa da compulsão à repetição, eles podem sentir-se impelidos a permanecer em relação um ao outro como uma forma de vincular e reprimir algo do passado.

Casais que compartilham essa dejecção, no entanto, muitas vezes aparecem nas salas de consultoria analítica quando chegam à velhice. O envelhecimento tem um efeito estranhamente sóbrio sobre a onipotência de qualquer convicção, bem como sobre o poder da repetição. Na velhice, nossa individualidade se torna cada vez mais óbvia para nós, assim como estamos nos tornando conscientes de nossa crescente dependência dos cuidados dos outros. É nesse momento da vida que uma pessoa — para surpresa de amigos e familiares — pode decidir sair de um casamento muito longo. O motivo? Há uma percepção profunda da morte se aproximando. Nesse sentido, a morte tem, ironicamente, um efeito libertador sobre os vivos. Ela pode libertá-los de outras formas de morte para viverem os últimos anos de suas vidas em formas recém-descobertas de liberdade.

Pensando *através* das coisas

O raciocínio consciente é uma forma muito valorizada de pensamento, mas dentro dos campos da consciência existem centenas de maneiras de pensar. E quando incluímos o pensamento inconsciente na cena, as portas se abrem para uma variedade impressionante de sistemas de pensamento. Nos capítulos anteriores, vimos como, quando caminhamos pelo nosso mundo, estamos posicionados na interseção de dois objetos evocativos: um puramente interno, decorrente do desejo ou afeto, e o outro que se compõe de coisas reais, encontradas no mundo real.

Em trabalhos anteriores, busquei estender o conceito de Winnicott do "uso de um objeto" para argumentar que nosso encontro, nosso envolvimento e às vezes nosso uso de coisas reais é uma *forma* de pensamento. Enquanto percorro a loja de departamentos, posso acabar avistando a seção de esportes de canto de olho. Não tenho certeza do que encontrarei lá, nem exatamente onde vou me deter. Posso pegar uma faca de caça, dar uma olhada nela e depois passar para os tacos de beisebol e então ir para as mesas de pingue-pongue. É improvável que esteja ciente de que, ao encontrar essas coisas, realmente envolva-me em um processo de pensamento.

A vida nessa *forma* de pensamento é picaresca. Como todas as pessoas, estou em movimento, viajando pela cultura dos objetos, cada um carregando sua própria rede de significados (uma faca de caça para tirar o couro de um veado, para lembrar de Daniel Boone, para cortar cenouras, e assim por diante), de modo que meu dia é vivido de acordo com essa forma de pensamento, além do pensamento consciente de vários tipos e muitas formas de pensamento inconsciente.

A associação livre, então, não é simplesmente o movimento de ideias em nossa mente, pulando de um pensamento para outro (seja falado internamente ou relatado para o outro): é também um movimento de ação. Ao nos movimentarmos no mundo real, os conteúdos manifestos das minhas divagações são constituídos pelas coisas reais que encontramos. Qualquer conteúdo latente surgirá do vetor aleatório à medida que esse pensamento nos envolver em encontros inesperados, dos quais surge um tipo de pensamento. Esse pensamento existencial, nascido da necessidade de envolvimento imediato com objetos reais, pode, de fato, ser uma das primeiras formas de pensamento. A consciência é mínima, então o movimento é acelerado devido à falta de reflexão.

A capacidade de mover-se livremente no mundo dos objetos, de usar sua essência como uma matriz para pensar por meio da ação, gira em torno de saber se o objeto aleatório nos determina — se seguimos em frente rapidamente devido à dinâmica de nosso último encontro com o objeto — ou se selecionamos objetos porque estamos "pastando" inconscientemente: encontrando alimento para o pensamento que apenas em retrospecto poderia ser visto como tendo alguma lógica.

De qualquer forma, quer sejamos levados ao pensamento pelos objetos que encontramos ou busquemos objetos para usá-los como formas de pensamento, fica claro para todos nós que esses engajamentos existenciais são uma forma muito diferente de pensar quando comparada ao pensamento cognitivo.

Em uma obra posterior, espero enfocar o estudo do caráter humano, que opera no campo do pensamento pela ação. Impulsionados pelo idioma de nosso próprio ser (nossa forma de ser), selecionamos e reagimos a objetos em padrões típicos de comportamento. Quando o caráter é *pensado*, geralmente será por outros que foram *impres-*

sionados pela marca do estilo idiomático do sujeito. Nós mesmos nos tornamos, então, objetos evocativos — *coisas vivas* — que provocam texturas de experiência interior no outro. Assim, nosso caráter é uma forma de pensamento pela ação expressa pelo uso do mundo dos objetos, e estará sujeito a uma segunda forma de pensamento quando aqueles que nos encontram como objetos evocativos nos registram no mundo de sua experiência interior.

CAPÍTULO QUATRO
O quarto objeto e além

O artigo seminal de John Rickman, "O fator do número na dinâmica individual e de grupo",[1] levou tanto Balint[2] quanto Winnicott[3] a se dedicarem a uma numerologia psicanalítica. Hoje em dia, assumimos que o número 1 se refere ao *self*-sozinho, o número 2 se refere à relação bebê-mãe e o número 3 à relação do *self* com a mãe e o pai. Cada um des-

---

1 John Rickman, "The factor of number in individual—and group-dynamics" [O fator do número na dinâmica individual e de grupo]. In: ___. *Selected Contributions to Psycho-analysis*. Londres: Hogarth Press; The Institute of Psycho-Analysis, 1950 (1957), pp. 166-7.
2 Veja Michael Balint, *The Basic Fault*. Londres: Tavistock Publications, 1968, pp. 27-9.
3 Veja Donald Winnicott, "The maturational process and the facilitating environment: studies in the theory of emotional development" [O processo maturacional e o ambiente facilitador: estudos na teoria do desenvolvimento emocional]. In: ___. *Through Pediatrics To Psycho-Analysis*. Londres: Tavistock, 1958 (1971), pp. 135-8.

ses números sugere diferentes psicologias na mente dos psicanalistas: psicologia do corpo único, psicologia do corpo duplo e psicologia do corpo triplo.

Pode-se argumentar que existe utilidade clínica real em considerar qual desses números prevalece em determinado momento de uma sessão. Essa distinção pode informar o tipo de interpretações que o analista faz. Se, por exemplo, o paciente está falando sobre sua esposa, pode-se presumir que o analista está ouvindo o trabalho do paciente com o número 2. No entanto, o paciente pode estar falando, na verdade, com uma parte de si mesmo que ele projetou na esposa. O paciente está, portanto, trabalhando com o número 1 ou, mais apropriadamente, indicando que há algo sobre ser "um de 1" que ele não consegue suportar facilmente, então ele recorre a criar um falso segundo. Em outro exemplo, um paciente pode estar falando sobre uma dimensão específica de sua personalidade, como sua incapacidade de pensar corretamente sobre o que ele considera as questões mais importantes de sua vida, aparentemente trabalhando com o número 1. Com o tempo, no entanto, o analista pode descobrir que esse ponto de vista é obra do outro: reflete a identificação projetiva de um dos pais. Assim, o que parece ser o trabalho do paciente na área do número 1 é, na verdade, um trabalho com o número 2.

Auxiliando o psicanalista no desenvolvimento de seu senso numérico psicanalítico estará a contratransferência. O paciente que aparentemente fala sobre sua própria deficiência pode evocar no psicanalista uma sensação interna de que o que o paciente está vivenciando parece mais uma espécie de opressão. Assim, o tumulto afetivo do paciente em relação a esse tópico — indicado por suas hesitações, suas repentinas desorganizações gramaticais, e assim por diante — parece ser o trabalho de um "interjecto", um objeto interno que foi projetado no *self* pelo outro.[4] O interjecto reflete o trabalho inconsciente do outro e se aloja dentro do *self*, sujeito a pouca elaboração inconsciente, pois nunca constituiu o desejo do sujeito em primeiro lugar. Com o tempo e moldado pela forma da transferência do paciente, o psicanalista pode, portanto, perceber se a questão abordada pelo paciente está na área do 1 ou do 2.

Nossa numerologia é ainda mais complicada pela estratificação psíquica. Um segmento de tempo dentro de uma sessão pode incluir trabalho em todos os três números ao mesmo tempo, segregados não temporalmente, mas por função psíquica. Assim, um paciente pode estar falando com uma parte de si mesmo (1), ao mesmo tempo que se envolve em um diálogo com a mãe (2) e também em algum conflito com o pai (3). Nesse caso, podemos fazer uma pergunta freudiana: qual desses números possui o maior "valor psíquico"? Podemos dizer que, a qualquer momento, toda a numerologia está presente e envolvida em algum tipo de trabalho, mas de momento a momento um número se intensifica em relação aos outros. Um paciente falando sobre sua esposa pode, em um momento, estar discutindo sua própria feminilidade, em outro, sua atitude inconsciente relativa ao tratamento de sua mãe para com ele, em outro, sua sensação de ser o objeto do desejo de seu pai. Todos os três números, todas as três estruturas, estão sem-

---

[4] Veja Christopher Bollas, *The Mystery of Things*. Londres: Routledge, 1999, p. 113.

pre presentes, mas é uma questão de qual número é o mais ativo em uma dada situação.

Será visto, naturalmente, que uma numerologia psicanalítica não tem relação alguma com a matemática propriamente dita. Por exemplo, poderíamos dizer que 1 + 1 = 3. Na vida psíquica, há um evento que a psicanálise deve contar desta maneira: mãe mais pai produz um bebê, criando um trio. Mas as questões são consideravelmente mais complexas que isso, pois, como Lacan e outros argumentaram, presentes em qualquer momento sexual estão os pais de cada parceiro. Assim, nesse aspecto, a *experiência da relação sexual* pode ser contada como 1 + 1 = 4.

Na verdade, porém, isso soma 6: um parceiro mais dois pais e outro parceiro mais dois pais? A lógica aqui é que, do ponto de vista do número 1 que está vivenciando isso, de fato, há quatro pessoas presentes. Ou seja, na psique de um indivíduo participante da relação sexual estão o sujeito, o outro sexual e os pais do sujeito. (A relação sexual pode somar 7 se incluirmos o bebê como uma das figuras numéricas.)

Casais prestes a ter seu primeiro filho estão começando a reunir em suas respectivas mentes o que significa *formar uma família*. Isso inclui muitos aspectos. O casal procura o nome da criança. Eles preparam o quarto do bebê e compram seus primeiros objetos. Em alguns países, matriculam a criança em uma escola particular antes mesmo de ela nascer. Eles recebem presentes de familiares e amigos em antecipação ao nascimento do bebê.

Mas no sistema inconsciente muito mais operações estão em andamento. À medida que os parceiros se encaminham para a formação de uma família, eles iniciam a tarefa longa e complicada de construir um objeto compartilhado:

a este atribuímos o número 4. Gradualmente, as representações de coisas são reunidas no inconsciente em torno desse quarto objeto.

De uma perspectiva psicanalítica, encontramos uma numerologia psíquica que não apenas não soma, mas também multiplica em complexidade cada vez que outro elemento é adicionado. Esse problema é produzido pelo efeito fecundo da sexualidade sobre a numeracia psíquica: como podemos ver, 1 + 1 na adição sexual não soma 2, mas na verdade resulta em 3 e cria a possibilidade do 4. Assim, 1 representa o *eu*, 2 representa o *eu* e o outro, 3 representa os efeitos procriativos da relação sexual e 4 representa a família.

Mas já não seria o 3 a família? E não é uma maneira estranha de descrever o nascimento de uma criança como "os efeitos residuais procriativos da relação sexual"? Quando um casal copula e o efeito posterior é uma criança, não podemos assumir que eles formam uma família. Para que a família "chegue", é necessário um complemento adicional. Há muitos elementos que contribuem para a formação de uma família além da simples chegada dos seus futuros membros.

Nem toda família consegue chegar ao número 4. Tome, por exemplo, o caso de Isobel e James. Eles têm relações sexuais e o "efeito residual" disso é Jill. Isobel nunca amou James e o manda embora antes do nascimento de Jill, que é então entregue para adoção. Nesse caso, embora a criança tenha nascido, a família não existe.

Harry e Jessica

Harry e Jessica eram namorados de infância, tendo crescido na mesma rua. O pai de Harry cometeu suicídio quando ele tinha cinco anos, e sua mãe, deixada com três filhos pequenos, entrou em grave depressão, começou a beber muito e foi hospitalizada pela primeira vez quando Harry tinha nove anos. Harry foi cuidado pelo irmão de sua mãe, mas o tio o odiava e o submetia a espancamentos severos até ele chegar a meados da adolescência. A mãe de Jessica, por outro lado, havia sido casada duas vezes antes e já tinha seis filhos antes do nascimento de Jessica. Convertida ao cristianismo, a mãe de Jessica era extremamente exigente e devota de maneira equivocada, exigindo que as crianças "se virassem". Quando Jessica tinha onze anos, sua mãe começou a ter visões de Jesus visitando a casa e um dia o ouviu dizer que ela deveria ficar nua e andar pelo meio da rua como uma forma de prece. Ela fez isso e acabou sendo atropelada por um carro e ficou gravemente incapacitada, um choque em sua vida que ela enfrentou com silêncio sepulcral e se recusando a fazer qualquer coisa além de costurar colchas para uma instituição de caridade cristã na vila onde moravam.

Durante esses anos, Harry e Jessica se encontravam frequentemente, mas nunca brincavam juntos — eles apenas passavam um tempo em branco na presença um do outro. Quando o tio de Harry fugiu e sua mãe foi hospitalizada novamente, Harry abandonou o ensino médio e foi morar na garagem de um vizinho. Jessica o ajudou a conseguir algumas coisas de que ele precisava. Em algum momento, uma dessas coisas parecia ser Jessica; e eles se apaixonaram profundamente quando tinham dezessete anos. Eles se mudaram para um Chevrolet Impala grande, onde dormiam, comiam refeições rápidas e tentavam construir uma vida juntos.

Em um certo momento, eles saíram de sua cidade natal e viajaram para a Califórnia, onde ambos conseguiram empregos. Então os problemas começaram a surgir em seu relacionamento. Parecia que eles tinham pouca capacidade de tolerar as imperfeições um do outro, e não conseguiam falar sobre esses problemas. Ambos tiveram episódios psicóticos; Harry se entregou ao crack; e embora vivessem juntos, na prática eles não eram mais um casal.

Harry e Jessica haviam cogitado formar uma família. Isso serviu como um importante objeto de conversa, mas para o conselheiro que eventualmente os atendeu — quando estavam na casa dos vinte anos — ficou muito claro que eles não tinham ideia do que realmente significava uma "família". Podemos dizer que, no caso deles, o quarto objeto era uma aspiração considerada a partir de uma perspectiva de -1.

Eu usarei -1 para identificar uma posição dentro da numerologia psicanalítica que segue o conceito de -K de Bion. Onde K representa o conhecimento ["knowledge"], -K representa um estado mental organizado para livrar o *self* do que ele sabe. Qualquer pessoa que aborde seu futuro a partir de uma posição de -1 só acumulará mais perdas.

E -1 + -1 = -2. Quanto mais Harry e Jessica falavam sobre suas vidas e seu futuro, mais adicionavam à sua própria subtração. Em cinco anos, estavam tão cheios de perdas psíquicas, com cada tentativa de soma apenas aumentando suas angústias, que tiveram que desistir um do outro para tentar recomeçar. Como Harry colocou: "Temos que reduzir nossas perdas".

Na numeracia psíquica, o conceito de -1 identifica uma posição em que o *self* é menor que 1. Ser menor que 1 (ou mesmo, para citar o título de Bret Easton Ellis, *Abaixo de zero*) é ter tantas partes do *self* faltando que ele não se completa. Não se soma a 1. Tal é o destino do indivíduo psicótico, e ao pensar em Harry e Jessica — ambos criados por pais psicóticos e ambos privados de partes importantes do *self* pelo trabalho de seus próprios mecanismos psicóticos —, é possível ver como as perdas psíquicas podem levar a uma forma de adição que contribui somente para a inevitabilidade de perdas futuras. Pois se, desde o início, a mente não pode somar, então qualquer tentativa de adição acabará subtraindo da solução, e o *self* ficará com uma perda contínua.

Contando até quatro

Podemos pensar em muitas situações em que a relação sexual e seus "efeitos residuais" não criam uma família. Vimos que, com a chegada de um bebê, 1 + 1 = 3 e que, para criar uma família, deve haver uma adição a mais. A partir dessas três pessoas, outro objeto é formado. É o primeiro objeto vital, construído de forma interpessoal e compartilhado, que serve à função de abrir linhas de comunicação entre seus participantes, para que a família possa ser criada. Se um dos parceiros não consegue contar até 4, então mesmo que o outro consiga, e mesmo que tenham muitos filhos, podemos dizer que não foram capazes de construir o quarto objeto: eles não se tornaram uma família.

O trabalho psicoterapêutico com a família, seja em terapia familiar, em terapia em grupo com casais ou em psicanálise individual com a transferência do paciente, muitas vezes revela falhas profundamente dolorosas de grupos de pessoas que não conseguem contar até 4. É claro que com um casal psicótico — como um Harry e uma Jessica — fica muito evidente que nenhuma família pode ser criada, e testemunhamos a terrível constatação de que a psicose inevitavelmente subtrai da vida. Eles podem tentar fazer falsas adições, mas com o tempo suas perdas se manifestarão nas contas psíquicas.

Mas a angústia mais comum enfrentada pelos psicoterapeutas é o grupo de três ou mais pessoas que vivem juntas e que, de uma forma ou de outra, lutaram intensamente para formar uma família, mas fracassaram. Jim, por exemplo, estava em análise. Ele quase não tinha memórias antes dos treze anos. Ele era ponderado e relativamente intuitivo, o que tornava algo intrigante a sua aparente amnésia inicial. Ele era capaz de me falar sobre sua mãe, seu pai e suas três irmãs. Entretanto, percebi que ele descrevia indivíduos que faziam parte de um grupo, mas que nunca haviam formado uma família. Dessa forma, as memórias familiares de Jim eram recordações do grupo, mas não lembranças da família.

O que é uma família?

Então, o que é uma família? O que é esse inteiro adicional que transforma 3 em 4? É o inteiro que só surge quando o grupo criou espaço para que o quarto objeto apareça — um objeto psíquico que serve à representação da coisa chamada "minha família" e que, por si só, atua como uma forma de inteligência nas comunicações inconscientes entre os membros do grupo.

Uma família, portanto, é uma evolução especial na história do inconsciente.

De fato, a história da palavra "família" reflete uma evolução no próprio inconsciente. De acordo com o *Dicionário Bloomsbury de origens das palavras*, a palavra "família" vem do latim *famulus*, que significa "servo".[5] Disso derivou-se família, que se referia aos servos domésticos em uma casa e seus empregadores. Foi introduzida no inglês em seu sentido original em latim e assim sobreviveu até o final do século XVIII; mas no século XVII seu uso também se ampliou para significar o domicílio como um todo. Por fim, a palavra se circunscreveu à denotação de "um grupo de pessoas familiares".

Então, chegamos a "familiar". O mesmo dicionário mencionado nos diz que "familiar" originalmente significava "da família" e, de modo intrigante, seu uso mais comum referia-se a um adversário ou inimigo familiar — ou seja, um antagonista dentro de sua própria casa. Em seguida, a palavra ampliou-se para significar "íntima associação" e, por último, algo ou alguém "bem conhecido devido à associação constante".[6]

A partir dessa etimologia, podemos ver uma progressão: de uma coleção de pessoas que formam um grupo para um grupo de pessoas que se tornam "íntima e constantemente associadas" umas com as outras, ou seja, que se tornam familiares umas às outras. Um significado intermediário parece ter sido "inimigo familiar" — o inimigo dentro do grupo. Atentemo-nos

---

[5] John Ayto, *Bloomsbury Dictionary of Word Origins* [Dicionário Bloomsbury de origens das palavras]. Londres: Bloomsbury, 2001.
[6] Ibid., p. 218.

a esse significado para uma questão: será que o quarto objeto tem algo a ver com enfrentar um inimigo em um grupo, um encontro que contribui para a economia psíquica de alguém?

O *Dicionário Oxford* nos informa que havia na Inglaterra, nos séculos XVI e XVII, uma seita chamada Família do Amor, originária da Holanda, que tinha muitos seguidores — chamados "familistas" — que "acreditavam que a religião consistia principalmente no exercício do amor e que a obediência absoluta era devida a todos os governos estabelecidos, por mais tirânicos que fossem".[7]

Vamos imaginar que enfatizar o amor era um ato psíquico fundamental na formação de uma família, a fim de estabelecer um tipo de mentalidade que pudesse lidar com conflitos com os inimigos familiares. Pois o *Oxford* nos fornece os seguintes significados associados:

> *famílias felizes, Sagrada Família, de uma maneira familiar* — de uma maneira doméstica; informalmente, grávida *de um modo familiar, da família* — descendente de ancestrais nobres ou dignos, *família* (gíria) — a fraternidade de ladrões. "*Os membros da família*" — uma unidade organizacional local da Máfia.

E quanto à família da Máfia, com suas conotações criminosas? Aqui temos uma família criada não como um ato de

---

[7] "FAMILY" (sense 7); "familist" (sense 3). In: *OXFORD English Dictionary* [Dicionário Oxford]. 2ª ed. Oxford: Oxford University Press, 1989. Disponível em: <https://www.oed.com/dictionary/family_n?tab=factsheet#4726106>; <https://www.oed.com/dictionary/familist_n?tab=factsheet#4725445>. Acesso em: 30 mar. 2008.

amor, mas como um grupo unido pelo sangue em um sentido diferente. De fato, a família da Máfia se envolve em guerras com outras famílias e direciona o ódio existente dentro de seu próprio círculo para o mundo exterior. Em nenhuma circunstância ninguém dentro da família deve trair o laço sanguíneo que forma o grupo.

Isso nos permitiria inserir o conceito freudiano do inconsciente como memória. Desse modo, nossa vida inconsciente reconhece a família, mesmo que não o façamos conscientemente em nós mesmos. Talvez seja por isso que Freud brincou com a palavra alemã "unheimlich" (literalmente, "não familiar") em seu ensaio sobre o estranho, considerando que o estranho é, na verdade, o familiar inconsciente.[8] É a chegada do *self* em uma situação que é conhecida inconscientemente, sem ser compreendida conscientemente.

Lei do amor

Quando pensamos, então, na construção do número 4 pelo grupo, podemos chegar a uma conclusão intermediária (um subtotal): que um grupo de pessoas se une e enfrenta os inimigos comuns intrínsecos à vida em grupo, acreditando no poder do amor como uma forma de lei, que se mistura com o cotidiano desse grupo para efetuar uma espécie de intimidade informal entre si. Essa intimidade informal — os muitos e muitos momentos compartilhados —

---

[8] Sigmund Freud, "The uncanny" [O estranho]. In: ___. *Standard Edition of the Complete Psychological Works of Sigmund Freud*, XVII. Londres: Hogarth Press, 1919, pp. 217-56.

evolui dessa lei do amor e se torna um tipo de estrutura psíquica que serve como memória da família. Em outras palavras, um conjunto é estabelecido no inconsciente do sistema que poderíamos condensar no seguinte agrupamento de palavras: grupo-sexo-sangue-rivalidade-lei do amor-informalidade-intimidade-memória.

"O tempo e a relação nos tornaram familiares", escreveu Samuel Johnson.[9] Na ordem freudiana, poderíamos rearranjar isso para "sexo mais tempo fez um grupo familiar". Os efeitos residuais da sexualidade, do sangue, da rivalidade, da lei do amor e da intimidade se combinaram, e a estrutura da família está estabelecida.

É claro que o significado desse agrupamento tem por trás de sua evolução toda a dramaturgia da família imaginada por Ésquilo, Sófocles e Shakespeare e, antes disso, na imaginação do Antigo Testamento. Lá se encontra o grupo buscando se propagar, mas dilacerado pela inveja, rivalidade e pelas forças do instinto de morte, buscando impor uma nova lei — a lei do amor —, que serviria como o erotismo do grupo como um todo.

A lei do amor é uma parte vital do quarto objeto. A lei que diz "amarás o teu próximo como a ti mesmo" é um antigo decreto que podemos agora considerar parte da história do inconsciente, uma fase inicial na formação do que conhecemos como família.

Parte da estrutura desses dramas diz respeito a um momento decisivo: seja um homem decidindo sacrificar seu filho para seu Deus, um pai decidindo entre a sobrevivência

---

[9] Samuel Johnson, *The Rambler*, n. 160, 28 set. 1751.

de sua filha e seu dever como rei ou a decisão de viajar para uma cidade em um determinado dia fatídico, quando o pai desconhecido também pega a mesma estrada. Esses exemplos podem ser altamente dramáticos, mas essa estrutura é intrínseca à formação da família. Podemos dizer que a estrutura é o *momento de decisão* em que o *self* deve escolher entre dois elementos opostos; quando, em uma situação extrema, o *self* está dividido entre lealdades profundas. Em termos da nossa discussão aqui, esse seria o momento em que duas pessoas se unem para *decidir* formar uma família.

A formação de uma família significa a criação de um grupo que desencadeará forças internas primitivas as quais podem despedaçá-lo, a menos que a poderosa lei do amor possa se impor suficientemente sobre o grupo para levá-lo com segurança ao desenvolvimento de uma nova estrutura psíquica, um conjunto de memórias composto de experiências suficientemente boas vividas juntas.

Casar-se para matar

Todo casal que deseja formar sua própria família, no entanto, o faz em um assassinato inconsciente de suas famílias de origem. Embora eles possam se unir para criar novo sangue, o sangue está nas mãos do novo casal. O fato simbólico desse assassinato é, naturalmente, ritualizado nas várias cerimônias matrimoniais, nas quais os pais entregam seus filhos. O sentido inconsciente em cada casal de que, ao se casarem, eles mataram seus pais é, com certeza, uma das muitas decorrências do complexo de Édipo. A partir desses matricídio e parricídio comuns, os novos filhos assumem o direito de dormir no espaço de propagação. Isso não é apenas o espaço de cópula, mas o lugar de onde a nova família deve emergir.

No entanto, isso é apenas um aperitivo de muitas coisas por vir. Pois esse *momento decisivo*, quando cada parceiro deve fazer uma escolha impossível — uma que resulta na morte de um objeto amado —, é apenas o primeiro de muitos assassinatos em encruzilhadas. Ambos os parceiros trazem consigo os mitos, lendas, fatos históricos, leis, visões e impulsos estéticos de suas próprias famílias de origem. Alguns desses elementos são conscientes e podem ser discutidos, mas todos eles também estão profundamente enraizados na vida inconsciente do *self*, formando uma representação de coisa que podemos ver como a relação inconsciente do *self* com seu quarto objeto.

Portanto, no casal, ambos os parceiros trazem para o relacionamento suas experiências anteriores com a família. Estas constituem quartos objetos internos. De certa forma, eles sentirão que, ao se casarem, estão matando a família de origem. Esse assassinato é um ato essencial de destruição, pois ambos os participantes dispensam os constituintes anteriores do quarto objeto para sustentar uma nova estrutura objetal e permitir o intercurso psíquico entre os elementos, na nova família, que são essenciais para a vida do quarto objeto emergente.

Assim, o aspecto homicida que permeia a noção de vida familiar não é simplesmente o esforço do grupo para processar rivalidades decorrentes de sua formação: é um corolário psíquico da decisão pelo acasalamento. Esta é a sexualidade do homicídio-propagação, de matar para dar à luz. Portanto, a vida familiar começa no inconsciente com um homicídio primitivo, e a questão é: o casal consegue sobreviver ao que fez? Nas semanas e meses seguintes ao casamento, haverá muitas encruzilhadas. Onde viver? Em que tipo de casa ou apartamento? Mobiliado com que tipo de móveis? Decorado em que estilo? Que tipo de comunicação acontece durante o dia, sobre o que e como? Organizar refeições e fazê-las em que idioma? Vida sexual e o erotismo em quais elaborações diferentes? E as crianças que estão chegando: que nomes, quais escolas, quais ideais, quais visões, quais...? Essas são apenas algumas das muitas encruzilhadas do novo casal edipiano na estrada para Tebas.

Memórias são feitas disso?

Em cada uma dessas negociações inconscientes, a lembrança do assassinato das famílias de origem está presente. E ainda assim, as memórias de tempos anteriores também são estabelecidas como estruturas inconscientes. Então, como essas estruturas lidam umas com as outras? Pode haver uma reintrodução das famílias de origem, um intercurso pós-copulação no qual os dois conjuntos de quartos objetos negociam suas novas posições?

> *Marido*: Eu gosto de café logo pela manhã.
> *Esposa*: Eu prefiro chá.
> *Marido*: Bem... é um pouco complicado fazer os dois ao mesmo tempo... Nós estamos muito ocupados.
> *Esposa*: Concordo. Por que você não tenta tomar chá por um tempo?
> *Marido*: O.k., sem problema.

Depois de um tempo, o marido não só fez a transição para o chá, mas agora prefere chá ao café. Nos anos seguintes, tomando café da manhã com seus filhos e filhas, todos estarão tomando chá. Isso não é grande coisa, felizmente. Dificilmente é o tipo de coisa que encontramos em obras de Sófocles ou Shakespeare.

Entretanto, nesse cruzamento, os quartos objetos do marido e da esposa se encontraram e um elemento de um dos conjuntos foi eliminado. O marido, cujo pai, mãe, irmãos e irmãs sempre tomavam café de manhã, abandona essa prática. A esposa, por sua vez, sem saber, concorda com seu pedido para que as escovas de dente sejam colocadas em um copo ao lado da pia, com as cerdas para cima. A esposa sempre teve sua escova de dente em um compartimento ajustado em um recipiente retangular, mas ela considera isso como algo sem importância, e logo isso deixa de ocorrer conscientemente a ela. Quando as crianças chegam, ela compra uma caneca para suas escovas de dente.

A sagrada família

Em inúmeros atos de assassinato inconsciente, então, cada parceiro permite que elementos de seu quarto objeto sejam eliminados. Isso é um assassinato sacrificial, que permite ao *self perder o familiar*. Com o tempo, a família de origem se torna uma *sagrada família* — conjuntos de memórias de como as coisas eram. Essa sagrada família — presidida pelo espírito santo — é o quarto objeto original, agora apenas um princípio presidindo as memórias. O que agora é apenas memória era na verdade uma estrutura inconsciente profunda, mas o trabalho assassino do casamento resultou em uma desestruturação de alguns aspectos do quarto objeto original e sua substituição ao longo dos muitos anos de sua reconstrução. Claro, sabemos que nada é perdido no sistema inconsciente, e o quarto objeto original não é abandonado como uma coisa em si. Mas seu status foi removido. Ele foi deslocado de sua posição de único quarto objeto e foi enviado para um lugar sagrado na mente. Após seu assassinato, associado à necessidade sacrificial, ele vai para o céu mental, onde o *self* sente que se perdoará por seu ato destrutivo.

A transição enfrentada por qualquer casal que tome a decisão importante de se casar é, por certo, extremamente arriscada. É a decisão mais perigosa de uma vida. Por anos e anos, ambos os parceiros descartarão os elementos psíquicos internos um do outro, em um ato de reconstrução constituído de desejo sexual e amor. Pois será esse amor primitivo entre os dois que se tornará sua própria lei, originalmente narcisista, mas eventualmente transfigurando-se em uma lei de um tipo diferente. O sexo-amor se metamorfoseará em lei do amor à medida que o casal sobrevive suas destruições mútuas e descobre que o autossacrifício é parte da intimidade humana. Disso deriva um princípio superior que serve ao casal enquanto eles prosseguem para trazer filhos ao mundo. Eles serão mais primitivos ainda do que o casal sexual era, e precisarão de "orientação" dos pais — orientação de amor. Os pais transmitirão a seus filhos que existe uma lei dentro da família, que o amor à família, ou a família como amor, deve preponderar sobre quaisquer reivindicações individuais de vingança, ou sobre o horror de uma criança diante da chegada de um novo irmão ou irmã.

Se os pais conseguiram formar com sucesso seus próprios novos quartos objetos, uma matriz composta na dialética da diferença, então eles têm uma estrutura psíquica pronta que pode ser comunicada aos filhos. O quarto objeto, que agora podemos chamar de "a família", é, claro, mantido separadamente em cada pessoa. A terapia conjugal ilumina como esse objeto difere enquanto uma estrutura psíquica dentro de cada parceiro. Mas o objeto reconhece isso. De fato, o quarto objeto é um espaço psíquico que se abre para a ilusão de que é um objeto interno compartilhado, sempre aberto a dialéticas de diferença e operando de acordo com a implacabilidade essencial que Winnicott descreve em seu ensaio seminal "O uso de um objeto e o relacionamento através de identificações".[10] Mas por mais implacável que seja, não destrói os direitos do outro; o outro é morto, mas o *self* aceita sua própria morte. O quarto objeto é um princípio de criatividade implacável em que o *self* busca as comunicações inconscientes de todos os outros no grupo que está negociando inconscientemente nesse campo.

Uma família de cinco está conversando pouco antes do jantar; John tem quinze anos, Mary, oito, e Peter, dois.

Pai: Então, John, você vai jogar futebol amanhã?
John: Sim, você pode vir?
Pai: Ah... eu...
Mary: Mãe, eu pensei que todos nós íamos à praia?
Mãe: Bem... John... que horas é a partida?

---

[10] Donald W. Winnicott, "The use of an object and relating through identification" [O uso de um objeto e o relacionamento através de identificações]. In: ___. *Through Pediatrics To Psycho-Analysis*. Londres: Tavistock, 1971.

Peter: O que é uma partida?
John: É futebol, Peter, lembra... Acho que é por volta de uma ou duas horas.
Peter: Jogar? Jogar futebol?
Pai: Isso dividiria o dia em dois.
Mãe: Bem... como vai ser o tempo amanhã?
Pai: Acho que vai estar bom... não sei...
Mary: A Sue-Ellen pode ir à praia também?
Peter: Ellen, Ellen, Ellen, Ellen... sim!
Pai: [pensando em voz alta] O que devemos fazer...
Mãe: Que tal a praia no domingo?
John: Isso seria bom para mim.
Mary: Ah, não, mãe, eu disse *sábado* para a Sue-Ellen!
Mãe: Você já disse para ela?
Mary: Bem... eu pensei que você tinha dito...
Pai: Bem... Vamos ligar para a mãe dela e perguntar se ela pode vir no domingo, e se não puder, então... O que estamos fazendo no próximo fim de semana?
[E assim por diante.]

A família está envolvida em tentar resolver um problema espaço-temporal simples. Todos os membros estão participando, embora de pontos de vista diferentes e com várias ideias conscientes não expressas, sem mencionar inúmeras "disseminações"[11] inconscientes evocadas por

---

[11] Para criar uma palavra, um "disseminado" é uma única partícula de uma disseminação. Seria um "fio solto" de um tecido anterior, agora constituindo parte das disseminações do *self* de todas as intensidades psíquicas anteriores que formam uma malha infinita no sistema inconsciente. Um disseminado é, portanto, qualquer partícula da disseminação

esse momento no tempo. A família não descamba para uma discórdia maligna, porque cada membro não está apenas funcionando como constituinte do grupo, embora isso também seja verdade, mas está envolvido em relações objetais estruturadas pelo quarto objeto. No entanto, Peter claramente ainda não faz ideia do que seja esse objeto, e Mary e John ainda estão envolvidos em suas formações individuais dele, então como poderíamos dizer que a família está funcionando de acordo com essa estrutura psíquica?

Por muito tempo, na evolução inicial do novo casal e depois ao longo das formações psíquicas dos filhos em crescimento, esse objeto existe em forma primitiva como uma lei: a lei do amor. Porque nos amamos, diz essa lei, nos damos bem. Isso não impõe que devemos nos dar bem; essa seria a lei do grupo, mas não a lei da família. A lei da família invoca o "sangue" ou seu equivalente psíquico para fazer uma afirmação mais primitiva: assim como o sangue nos uniu, nós nos amamos e esse amor impõe sua lei sobre todos nós. É a lei que deriva do conflito edipiano, de um conjunto de assassinatos que deixa todos os participantes com sangue nas mãos, mas conectados pela relação. É uma forma extremamente primitiva de ordem transicional. Mas frequentemente funciona.

Na cena doméstica retratada, os membros da família sabem de maneiras diferentes que essa lei prevalece. Mesmo se uma das crianças tivesse saído chorando para o quarto e se recusado a concordar com a decisão familiar, isso não teria destruído o quarto objeto — o princípio que governa as formas de comunicação inconsciente entre os membros.

---

de conteúdos mentais que é evocada por qualquer novo evento psíquico e se prende a ele.

O quarto objeto

Podemos vê-lo na cena retratada, embora apenas em um vislumbre. O quarto objeto é aquela estrutura psíquica que recebe e transmite, no nível da comunicação inconsciente, os interesses inconscientes diferentes dos membros do grupo familiar. É governado, como vimos, por uma lei primitiva do amor que serve para afastar formas primitivas de ódio nas crianças por tempo suficiente (geralmente) para que elas amadureçam e depois cultivem uma estrutura interior que opera de forma menos primitiva. Com o tempo, as crianças sentirão o benefício interno dessa abertura. Elas conseguem nutrição interna desse objeto que sobreviveu ao sofrimento pessoal dentro do grupo — incluindo momentos de ódio intenso — e passam a apreciar conscientemente o benefício inconsciente de saber como estar aberto às dialéticas de diferença no grupo.

Claro, sabemos que, no mundo moderno, muitas famílias têm outros elementos qualificadores que complicam ainda mais as coisas. Segundas e terceiras uniões frequentemente trazem famílias prontas ou conjuntos de famílias anteriores. Muito, então, depende dos casamentos anteriores e dos status dos vários quartos objetos nas crianças. Se elas têm estruturas de quarto objeto se formando dentro de si, então viveram de acordo com uma lei que sugere que o amor deve prevalecer. Esse édito — a lei da família e a família como lei — ajuda os novos membros de famílias anteriores a se encaixarem. O assassinato sempre foi uma característica do casamento. Às vezes, ex-cônjuges podem ser alvos de hostilidade ativa por parte de um ou de ambos os membros da nova família, mas isso é apenas um desenvolvimento, um *acting out*, do ato subjacente de assassinato que constitui a vida familiar.

Implícita no quarto objeto está sua própria eventual dissolução estrutural. Curiosamente, esse conhecimento também informa seu caráter, pois se sabe que, por mais essencial que a estrutura existente seja para um *self*, em algum momento ela será substituída e o próprio *self* seguirá em frente. Assim, o adolescente, ao olhar para seu futuro e a formação de novos quartos objetos, e o *self* em envelhecimento saberão que seu próprio status como progenitor do quarto objeto será extinto pelo homicídio perpetrado pela nova geração, e eventualmente — o mais emblemático de tudo — pela morte orgânica. Na verdade, as famílias sabem disso inconscientemente; elas se encontram em uma interseção geracional. Os pais seguem monte abaixo em direção a suas sepulturas enquanto os filhos estão escalando para os cumes futuros de suas vidas. Ciclicamente, as gerações passam uma pela outra nesse amontoado, e a repetição dessa caminhada familiar informa cada vez mais o quarto objeto em cada um de que algo geracionalmente premonitório existe dentro e entre eles e, por sua vez, dentro e entre eles e todas as outras famílias que viveram nas incontáveis gerações que os precederam. A *Epopeia de Gilgamesh* e o Antigo Testamento dão aos seres humanos comuns vidas incrivelmente longas, em que parecem viver por muitas gerações que se estendem muito para o futuro. Isso captura o simples lugar da família única, que repassa uma rota comum na jornada da humanidade.

Então, o que compõe o número 4? Viemos cogitando a ideia de uma numerologia psíquica, disponível para analistas ao somarem coisas quando consideram seus analisandos, ou ao tentarem explicar onde eles estão. Argumentamos que 1 + 1 = 3, mas que um inteiro adicional é necessário para que 1 + 1 = 4. Agora estamos sugerindo que esse inteiro adicional é a "lei do amor". Somente quando o grupo de 3, os efeitos residuais da sexualidade, adiciona um elemento primitivo é que o quarto objeto deve ser contado.

Cinco e seis

Para o grupo social, gosto de usar o número 5. No entanto, já sugeri que 3 é um grupo, então terei que qualificar isso: 3 representa apenas os efeitos residuais da relação sexual. Três pessoas podem estar presentes, mas na realidade elas estão perdidas em sua coletividade até, ou a menos que, se tornem uma família. Mas os membros de cada família descobrirão, mesmo depois de contarem até 4, que a adição de um novo número psíquico ameaça a promessa do número 4 como um recipiente psiquicamente eficaz. Esse inteiro adicional representa o *self* dentro do grupo social, que obedece às leis da psicose, não à lei do amor, e é aqui que o vínculo do *self* à família pode ser destruído.

Mas vamos nos lembrar do que significa destruição na psicanálise. Todos os inteiros permanecem no inconsciente, mesmo que outras adições os sobreponham e pareçam destruí-los. Os números 1, 2, 3, 4 e 5, portanto, sobrevivem a quaisquer combinações que pareçam ampliar a soma. Quando a criança vai para a escola pela primeira vez e descobre que está dentro de um grupo que não é sua família — e que não conhece os modos de sua família —, a criança é psiquicamente estilhaçada. Como nos ensina

Bion, essa vida em grupo segue leis básicas operando ao longo de um eixo psicótico — algo que certamente não é processado por qualquer *self* através de sua família. Mas a vida fecunda do imaginário do *self* é mais do que o quarto objeto pode suportar.

À medida que a criança descobre que possui uma mente e inventa muitas mães e pais, ela não é mais mantida na ilusão reconfortante de que está sendo cuidada por sua família de origem. Aos quatro ou cinco anos de idade, a criança começará a formar a estrutura que é o quarto objeto, que irá comunicar e receber comunicações feitas para a vida familiar. O quinto objeto quebrará a hegemonia dessa estrutura como uma promessa de todas as futuras mesclas de pessoas: a ilusão de família como o único arranjo será dissipada. Mas a estrutura do quarto objeto e seus elementos permanecerão e estarão disponíveis para o *self* nos anos seguintes, à medida que ele processa o ato geracional da vida familiar.

O quinto objeto — a vida no grupo — é 4 + 1: quatro mais o que está fora da família. Isso é uma experiência angustiante para todos nós, e é comum que indivíduos comecem uma subtração secreta quando encontram o 5. Eles podem se unir, configurando-se em um casal: assim 5 − 3 = 2, livrando o *self* até mesmo do terceiro objeto para retomar a vida nos braços reconfortantes da díade. Eles podem até se isolar no 1, buscando refúgio em devaneios ou em uma forma de funcionamento autista. Felizmente, no entanto, a maioria de nós consegue continuar contando, e embora cada novo número psíquico destrua o número anterior e descarte a aparente santidade de sua estrutura, os novos números — as novas estruturas — também podem curar o *self* dos danos que foram infligidos.

O número 6 é a adição do *self* em sua posição na "ordem universal", quando o *self* pode encontrar, nas suposições universais e nas leis da civilização, um novo cenário inconsciente. Na verdade, isso ajuda o *self* a sobreviver às dificuldades em todas as combinações anteriores, mas especialmente ao lidar com a loucura do grupo. Durante o Holocausto, quando muitos perderam sua crença na humanidade, outros encontraram força no sexto objeto, na memória e relação com os objetivos e aspirações da ordem humana — ou a humanidade do homem para o homem. Em qualquer momento no tempo, o grupo 5 pode perder o contato com o 6. Os nazistas perderam um inteiro. Mas em tais momentos nossa memória do 6 — talvez inútil como fator inconsciente na vida da sociedade — é crucial para nossa própria sobrevivência psíquica.

REFERÊNCIAS BIBLIOGRÁFICAS

AYTO, J. *The Bloomsbury Dictionary of Word Origins*. Londres: Bloomsbury, 2001.

BACHELARD, G. *The Poetics of Space*. Boston: Beacon Books, 1994.

BALINT, M. *The Basic Fault*. Londres: Tavistock Publications, 1968.

BARTHES, R. "The Eiffel Tower". In: ___. *The Eiffel Tower*. Nova York: University of California Press, 1984.

BOLLAS, C. "Character: the language of self". *International Journal of Psychoanalysis*. Londres, v. 3(4), 1974.

___. *China em mente*. São Paulo: Zagodoni, 2022.

___. *The Shadow of the Object*. Londres: Free Association Books, 1987. [Ed. bras.: *A sombra do objeto: Psicanálise do conhecido não pensado*. São Paulo: Escuta, 2015.]

___. "The Transformational Object". *International Journal of Psychoanalysis*, Londres, v. 60, 1979.

___. *Forces of Destiny*. Londres: Free Association Books, 1989.

___. *Being a Character*. Nova York: Hill and Wang, 1992.

___. *Cracking Up*. Nova York: Hill and Wang, 1995.

___. *The Mystery of Things*. Londres: Routledge, 1999.

___. *The Freudian Moment*. Londres: Karnac, 2007.

BREUER, J.; FREUD, S. "Studies on Hysteria". In: ___. *Standard Edition of the Complete Psychological Works of Sigmund Freud*, II. Londres: Hogarth Press, 1893-5.

CRAWFORD, Harriet. *Sumer and the Sumerians*. Cambridge: Cambridge University Press, 1991.

DEWEY, J. *The Philosophy of John Dewey*. John J. McDermott (Org.). Chicago: University of Chicago Press, 1981.

FIELD, M. "Classroom on stilts puts new life into an old prefab". *The Architects' Journal*, Londres, v. 3, p. 23, 1995.

FREUD, S. "The Interpretation of Dreams". In: ___. *Standard Edition of the Complete Psychological Works of Sigmund Freud*, V. Londres: Hogarth Press, 1900.

___. "The handling of dream-interpretation in psycho-analysis". In: ___. *Standard Edition of the Complete Psychological Works of Sigmund Freud*, XII. Londres: Hogarth Press, 1911.

___. "Recommendations to physicians practising psycho-analysis". In: ___. *Standard Edition of the Complete Psychological Works of Sigmund Freud*, XII. Londres: Hogarth Press, 1912.

___. "On beginning the treatment". In: ___. *Standard Edition of the Complete Psychological Works of Sigmund Freud*, XII. Londres: Hogarth Press, 1913.

___. "The unconscious". In: ___. *Standard Edition of the Complete Psychological Works of Sigmund Freud*, XIV. Londres: Hogarth Press, 1915.

___. "The uncanny". In: ___. *Standard Edition of the Complete Psychological Works of Sigmund Freud*, XVII. Londres: Hogarth Press, 1919.

___. "Two encyclopaedia articles". In: ___. *Standard Edition of the Complete Psychological Works of Sigmund Freud*, XVIII. Londres: Hogarth Press, 1923a.

___. "The Ego and the Id". In: ___. *Standard Edition of the Complete Psychological Works of Sigmund Freud*, XIX. Londres: Hogarth Press, 1923b.

___. "Civilisation and its Discontents". In: ___. *Standard Edition of the Complete Psychological Works of Sigmund Freud*, XXI. Londres: Hogarth Press, 1929.

HARRIS, S.; BERKE, D. *Architecture of the Everyday*. Princeton: Princeton Architectural Press, 1997.

HEDGES, L. *Listening Perspectives in Psychotherapy*. Nova York: Jason Aronson, 1983.

HEIMANN, P. "Dynamics of transference interpretations". *International Journal of Psychoanalysis*, Londres, v. 37, pp. 303-10, 1956.

HERSEY, G. *The Lost Meaning of Classical Architecture*. Cambridge: MIT Press, 1995.

HIRSCH, E. *How to Read a Poem*. Nova York: Harcourt Brace, 1999.

JOHNSON, S. *The Rambler*, n. 160, 28 set. 1751.

LYNCH, K. *The Image of the City*. Cambridge: MIT Press, 1996.

MONTET, P. *Everyday Life in Egypt in the Days of Harnesses the Great*. Filadélfia: University of Pennsylvania Press, 1981.

OXFORD English Dictionary. 2ª ed. Oxford: Oxford University Press, 1989.

RICKMAN, J. "The factor of number in individual—and group--dynamics". In: ___. *Selected Contributions to Psycho-analysis*. Londres: Hogarth Press; The Institute of Psycho-Analysis, 1957.

VENDLER, H. *Poets Thinking: Pope, Whitman, Dickinson, Yeats*. Cambridge: Harvard University Press, 2006.

WINNICOTT, D. W. "The maturational process and the facilitating environment: studies in the theory of emotional development". In: ___. *Through Pediatrics To Psycho-Analysis*. Londres: Tavistock, 1971.

___. "Berlin Walls". In: ___. *Home is Where We Start From*. Londres: W.W. Norton, 1986.

ÍNDICE REMISSIVO

A
ações performativas 44
acolhimento: ambiente 75
afeto 79-82
A interpretação dos sonhos (Freud) 133
Alteridade 77
análise/analistas *ver* psicanálise/psicanalistas
analista flutuante 35-36, 82-84
analogia da loja de departamentos 130-132, 149-150
analogia do excremento, arquitetura 116
apego emocional 132
A poética do espaço (Bachelard) 95
A questão infinita (Bollas) 26
arquiexcreção 116
arquitetura e o inconsciente 85, 123-127: trabalho morto 91; sonhos 109; cidades fantasmas 87-88; simbolismo da vida/morte 112-116; cidade viva 98-101; mundo feito pelo homem 119-120; equívocos 116-120; formas inominadas 101-104; nossos caminhos 104-106; nossos mundos 95-98; sinais do futuro 90-91; espíritos do lugar 120-123; caminhando/evocação 106-109; destruidores 89-90
arte 75 *ver também* criatividade
A sombra do objeto (Bollas) 139
assassinato: família de origem 166-168; sacrificial 169-173
assassinato sacrificial 169-173
associação livre 24, 25, 27: afeto/emoção/sentimento 79-82; analista em suspensão 35-36; ao redor de objetos 131-133, 135, 150; busca da verdade 74-76; personagem 46; comunicação

inconsciente 37-39; criatividade 78-79; e sonhos 34-35, 82-84; eco freudiano 49-51, 60, 78-79; espelho freudiano 51-52; expansão da mente 76-78; fala livre 32-35, 53; crença 54-56; frequências da comunicação 68-72; Freud sobre 28, 33-34, 60, 133; *genera* psíquicos 61-66; lapsos verbais 52-54; linhas de pensamento 27-31, 50-51, 133; objetividade 54-56; pulsão de representação 72-74; questões do dia 67-68; rede 57, 60; relações objetais 42-44; repressão/recepção 60-61; sonho materno e pensamento paterno 82-84; subjetividade do psicanalista 39-42
atenção uniformemente suspensa/atenção flutuante 35-36, 39-40, 50-51, 74-75, 81
atos falhos 52-54
através das coisas 148-151: caminhos de 27-31, 50-51, 133; inconsciente 148; *ver também* associação livre

B
Bachelard, Gaston 94, 104
Balint, Michael 153
Barthes, Roland 124
Bergen, Noruega 121
Bion, Wilfred 75, 77, 125, 176, 177
Blake, William 105
Bollas, Christopher 135, 143, 144: *Sendo um personagem* 135, 143, 144; *Cracking Up* 145; sonho 109-112; *Forças do destino* 140-142; *O momento freudiano* 134; *A questão infinita* 26; *A sombra do objeto* 139; O "objeto transformacional" 139

Boston, EUA 95-96
Byng-Hall, John 147

C
cadeias de ideias 23-24, 27-31, 38-42, 50, 133
casamento/casar 147-148, 168-169: matar 166-168; segundo 174; terapia 171
caminhando e evocação 106-109
caminhos 104-106
caminhos de pensamento 39-42
caráter 47-49; associação livre 46; linguagem do 76; metáfora musical 48; e mundo dos objetos 150-151; *ver também Sendo um personagem*
categorias da mente 144
Central Park, Nova York 105, 109
cidades: imagenabilidade 93, 95; como metáfora do inconsciente 85-87; *ver também* arquitetura e o inconsciente
cidades fantasmas 87, 88
cidade viva 98-101: *ver também* arquitetura e o inconsciente
Clínica Tavistock 147
coisas: convivendo com 140-143; pensando por meio de 148-151
cotidiano 34
compulsão à repetição 148
comunicação, inconsciente: e família 162, 170, 173; e associação livre 37-39; linhas de pensamento 39-42; frequências de 41, 68-72
conjuntos de ideias 131, 133, 165
contenção 75
contratransferência 44-46
convivendo com as coisas 140-143
Copenhague, Dinamarca 146, 147

Covent Garden Market,
    Londres 122
Cracking Up (Bollas) 145
criatividade 78-79
cultura 25
decepção, *self* 37

D
Debord, Guy 127
defesas, mentais 33, 61
dejecção, estética 146-148
demolição 87-90, 176 *ver também*
    assassinato
depressão 146-148
desenvolvimento, inconsciente
    57-79, 76
destruição 87-90, 176 *ver também*
    assassinato
destruidores 89-90: *ver também*
    destruição
deus, mãe como 119, 123
devaneios 24
devaneio, psicanalítico
    75: *ver também* atenção
    uniformemente suspensa
Dewey, John 132, 133
Dickinson, Emily 136
Disneyland, Califórnia 109
distorções 37, 40
divindade dos edifícios 118, 119
dogma, psicanalítico 54
Domo do Milênio, Londres 97-98

E
eco freudiano 49-51, 60, 78-79
edifícios: como símbolos de
    morte 112-116; divindade 118,
    119; imagenabilidade 93, 96;
    poesia dos 94-96; *ver também*
    arquitetura e o inconsciente
Edifício AT&T (Sony), Nova York 92
Édipo, complexo de 25, 64,
    166-167, 173

Édipo rei (Sófocles) 25
Egito, antigo 91, 93, 94, 120
Ego 61, 65, 72
emoção: e associação livre 79-82;
    inconsciente 79
empatia 80, 81
Empire State Building, Nova York
    93, 117
ensaio "Muros de Berlim"
    (Winnicott) 96
Epopeia de Gilgamesh 175
equívocos, arquitetônicos 116-119
Escola King Alfred (EKA),
    Londres 114, 115
escolas progressistas 114-115
espaço analítico 53, 57
espelhamento 51-52, 78
espelho freudiano 51-52
espíritos do lugar 120-123
Estátua da Liberdade, Nova York
    98
Estocolmo, Suécia 122
estranho 164
estudos de caso: cor/luz 62, 63,
    65; numerologia psicanalítica
    158-160, 171-173
estudo de caso cor/luz 62, 63, 65
evocativo: impactos do 143-145;
    objeto 25; e caminhada 106-109;
    ver também mundo dos objetos
expansão da mente 76-78
experiências Alpha 125, 126
experiências Beta 125, 126
experiências emocionais 24, 132

F
Família 25: definições do
    dicionário 162, 163; formação
    155-166; família sagrada
    169-173; de origem 166-168;
    terapia 161
Família do Amor 163
família sagrada 169-173

familiar, inconsciente 164
Forças do destino (Bollas) 140, 142
frequências de comunicação 41, 68–72
Freud, Sigmund 23, 24, 54:
  A interpretação dos sonhos 133; associação livre 28, 33–34, 60, 133; atenção uniformemente suspensa 37; cidade como metáfora 85–87; fé no método analítico 55, 56; frequências da comunicação 69; inconsciente receptivo 61; intensidades psíquicas 108; instintos 73; método psicanalítico 43, 44, 54; o estranho/familiar inconsciente 164; *O mal-estar na civilização* 86; pontos nodais 66; realização de desejos 72; rede 60; repressão 100, 101; sobre o inconsciente 37, 81–82, 126; teoria da evidência 34

G
Geflecht 57
genera, psíquicos 61–66
Golden Gate Bridge 93
Great Lawn, Nova York 105–107
Green, André 123
grupo social (número 5) 176, 177

H
Harry e Jessica (estudo de caso) 158–160
Heimann, Paula 44
Hirsch, Edwin 47, 48
Holocausto 178

I
ideias: cadeias de 23–24, 27–31, 38–42, 50, 133; conjuntos de 131, 133, 165; *ver também* pensamento
identificação projetiva 154
ilhas de experiência emocional 131
imagenabilidade: edifícios/cidades 93, 96; sonhos 112
inconsciente: desenvolvimento 57–59, 76; emoção 79; evolução 162; familiar 164; Freud sobre inconsciente 37, 81–82, 126
indústria mineradora 122
infante — relacionamento parental 153
inimigo dentro do grupo 163–164
instintos 73
integridade dos objetos 145
interesse, vias de 135–137
interjeições 155
interpretação, psicanalítica 23–24, 55–56
intuição 81
Itália 93

J
Jersey City, EUA 95–97, 125
Jessica e Harry (estudo de caso) 158–160
Johnson, Samuel 165
Klee, Paul 107
Klein, Melanie 42, 119

L
La Scala, Milão 93–94
Lacan, Jacques 25, 83, 156
Lakoff, George 144
lar, como parte do *self* 88
Las Vegas, EUA 113, 116
lei do amor 164–166
linguagem do analisando 76–77: *ver também* comunicação inconsciente
Londres, Reino Unido 97–98, 114–116, 122
Los Angeles, EUA 95–97, 99

lugares, espíritos de 120-123
luz/cor 62, 63, 65

M

mãe: como deus 119, 123;
— relacionamento infantil 63, 64, 74, 84, 104; sonho 82-84; suficientemente boa 141
Máfia 163-164
Mahler, Gustav 146
Masaccio (Tommaso de Giovanni di Simone Guidi) 137
matriz, inconsciente 133, 150, 171
memórias: inconsciente 164
Abaixo de zero (Bret Easton Ellis) 160
metáfora: inconsciente 86; trem do pensamento 133; musical 48, 72, 82
Milão, Itália 93-94
Moby Dick (Melville) 138
modelo topográfico 37
momento decisivo 166, 170
morte: família de origem 166-168; símbolos, edifícios como 112-116
mundo-devaneio 24
mundo dos objetos: dejecção estética 146-148; e caráter 150-151; conviver com as coisas 140-143; impactos do evocativo 143-145; pensar através das coisas 148-151; vias de interesse 135-137
mundo feito pelo homem 119-120
mundo pré-verbal 103
Murray, Henry 138
Museu Getty, Los Angeles 99
Museu Metropolitano de Arte, Nova York 99, 105
musical: metáforas 48, 72, 82; preferências 146

N

nascimento, espírito do 118
nazistas 178
nomeação/anonimato 100-101
nostalgia 130
Nova York, EUA 92-93, 98-99, 104-109, 118
números *ver* numerologia psicanalítica
numerologia psicanalítica 153-157: assassinato da família de origem 48, 72, 82; casar-se para matar 166-168; estudos de caso 158-160; formação familiar 157, 159-166; grupo social 176-178; lei do amor 164-166; memórias 168-169; quarto objeto 174-176; relacionamento infantil-pais 153; ordem universal 178; o *self* como número um 153; posição -K/-1 159-160; sagrada família 169-173

O

objeto(s): associando-se a 131-133, 137; apego a 131; compartilhado 156-157; estrutura de uso 49, 144; evocativo 137-140; integridade 129, 145; interno 77, 130; para pensamento 134-135; projeção em 144, 154; transformacional 139, 142; transitório 145
objeto compartilhado (número 4) 48, 72, 82
objetos internos 48, 72, 82
objetos transformacionais 48, 72, 82
O corcunda de Notre Dame (Hugo) 124
"O fator do número na dinâmica individual e de grupo" (Rickman) 153

O mal-estar na civilização (Freud) 86
O momento freudiano (Bollas) 134
"O prelúdio" (O desenvolvimento do espírito de um poeta), Wordsworth, William 137, 138
Objetividade 56
"O uso de um objeto" (Winnicott) 149
oração, edifícios como 91, 119
Orange County, Califórnia 126

P

padrões de pensamento/comportamento 39–42
pai: suficientemente bom 141; —relacionamento, infantil 153; pensamento 82–84; sentimento 153–154
pais: —relacionamento com a criança 153; suficientemente bom 141
paisagens 24: poesia de 93–94, 104–105; *ver também* arquitetura e o inconsciente
Par Freudiano: o verdadeiro *self* 58; pistas 38; temporalidade 70; trabalhar dentro do 54
Paris, França 90, 116, 124
pensamento: associativo 23–24; existencial 134–135; objetos para 134–135; padrões 39–42
pensamento associativo 23, 24, 27 *ver também* associação livre; linhas de pensamento
personalidade, elementos/partes 46–47
Petrarca, Francesco 137
Pike Place, Seattle 122
pirâmides, egípcias 91–92, 113
poesia 75: de edifícios/paisagens 94–95
pontos nodais 66

porosidade da fala 52–53
posição -K/-1141
Post Office Tower, Londres 116
planícies da América do Norte 102
princípio de prazer 74
processional: efeitos dos objetos 144; potencial 143
projeção em objetos 141
Proust, Marcel 139
psicanálise: e criatividade 78, 82, 84; terapia conjugal 170; *ver também* atenção uniformemente suspensa;
psicanalistas: flutuantes 35–36, 82–84; subjetividade 39–42
psicanalítico: dogma 141; interpretação 141; método 42–44, 53; relacionamento 75–76
psicogeografia 127
psicose 160, 176
psicoterapia/psicoterapeutas *ver* psicanálise; psicanalistas
psíquico: *genera* 141; intensidades 108; valor 134
pulsão de representação 42–44
pulsão do destino 141

Q

qualia 134
quarto objeto: *ver também* família; numerologia psicanalítica
questões do dia 67–68

R

raciocínio consciente 148
receptivo: capacidade 139–140; inconsciente 61, 65
rede 57–60, 76–77: *ver também* inconsciente
regressão 49

relacionamento: infante-pais 153; psicanalítico 61, 65; *ver também* numerologia psicanalítica
Renascimento 34, 137
representação, inconsciente 72-74
repressão 36, 58-59, 60-61, 100-101
resistência 33: *ver também* defesas
Rogers, Richard 90, 98
Roma, como metáfora do inconsciente 86
rotas 104-105

S
seio, simbolismo 119
Sendo um personagem (Bollas) 135, 143, 144
Seattle, EUA 122
self: como número um 153; decepção 36-37; experiência 140-141, 144; lar como parte de 88; verdadeiro/falso 58
sexualidade/relações sexuais 168, 170, 173, 175-176: e formação familiar 156, 160, 164-165
símbolos/simbolismo: seio 119; edifícios como 90-94, 109-116
sinais do futuro 90-91
sonhos 109-112, 115-116: formação 23-24, 69; e associação livre 34-35, 82-84; imagenabilidade 112; e devaneio 108; realização de desejos 72-73
Sony Building, Nova York 92
subjetividade, do psicanalista 42-44

T
Tableau chronologique (Michelet) 124
técnicas de escuta 43-44
templos gregos 91, 93, 120
teoria das relações objetais 143: e associação livre 42-44; técnica 44; transferência/contratransferência 44-47
"Ter uma experiência" (Dewey) 132
terapia/terapeutas *ver* psicanálise/psicanalistas teoria da evidência
topoanálise 95-98
Torre Eiffel, Paris 116, 124
trabalho, morto 91-94
trabalhadores mortos 91-94
transferência 44-46, 134
transicional: objetos 141; ordem 176-177
Turtle Pond, Nova York 105-107

V
Veneza, Itália 95, 113
verdade: buscando a 74-76; fontes 34
verdadeiro/falso *selves* 58
vida: eventos 70-71; simbolismo de vida/morte 89, 112-116
vias de interesses 135-137
visões do futuro 90-91

W
Winnicott, Donald 58, 75, 98, 127, 153: ensaio "Muro de Berlim" 96; "O uso de um objeto" 141
Wordsworth, William 130, 137, 138

Z
zigurates 91, 94

BOLLAS NA NÓS
O momento freudiano
Segure-os antes que caiam
O mundo dos objetos evocativos

Conselho Editorial
Lia Pitliuk
Luciana Pires
João Frayze-Pereira
Maria Vera Lúcia Barbosa
Diogo Oliveira

Dados Internacionais de Catalogação na Publicação (CIP) de acordo com ISBD

B691m
Bollas, Christopher
  O mundo dos objetos evocativos / Christopher Bollas.
  Organização: Amnéris Maroni.
  Tradução: Liracio Jr.
  São Paulo: Nós, 2025
  192 pp.

Título original: *The evocative object world*
ISBN: 978-65-85832-69-4

1. Psicanálise. 2. Ensaio. I. Maroni, Amnéris. II. Liracio Jr. III. Título.
2025-756   CDD 150.195   CDU 159.964.2

Elaborado por Odilio Hilario Moreira Junior, CRB-8/9949

Índice para catálogo sistemático:
1. Psicanálise 150.195
2. Psicanálise 159.964.2

© Editora Nós, 2025
© Christopher Bollas, 2009
Tradução autorizada da edição em inglês publicada anteriormente pela Routledge, membro do Taylor & Francis Group

Título original *The Evocative Object World*

Direção editorial Simone Paulino
Editora-assistente Mariana Correia Santos
Assistente editorial Gabriel Paulino
Projeto gráfico Bloco Gráfico
Assistentes de design Lívia Takemura, Stephanie Y. Shu
Revisão técnica Maria Vera Lúcia Barbosa
Preparação Luana Negraes
Revisão Alex Sens
Índice remissivo João Gabriel Messias
Produção gráfica Marina Ambrasas
Assistente comercial Ligia Carla de Oliveira
Assistente administrativa Camila Miranda Pereira

Imagem de capa Gisele Camargo
Série "Brutos", 2018, 180×180 cm, acrílica e óleo sobre madeira

Texto atualizado segundo o novo
Acordo Ortográfico da Língua Portuguesa

Todos os direitos desta edição reservados à Editora Nós
Rua Purpurina, 198, cj. 21
Vila Madalena, São Paulo, SP
CEP 05435-030
www.editoranos.com.br

Fontes Neue Haas e Tiempos
Papel Pólen natural 80 g/m²
Impressão Margraf